시스템과 테크닉에 관한 연구

빌리어드 아틀라스

월트 해리스 저 / 민창욱 역

제 2 권

일신서적출판사

THE BILLIARD ATLAS
P.O Box 321426
Cocoa Beach, Florida 32932-1426

http://www. Billiardatlas. Com
e-mail : wharris@billiardatlas.com

독자 여러분의 경기력 향상에 어떤 시스템이 도움이 될지 장담할 수 없지만, 롱앵글&쇼트앵글 시스템을 습득하면 즉시 효과를 볼 수 있을 것입니다.
다음으로 유용한 시스템이 플러스 시스템인데, 빈쿠션치기에는 다소 어려움이 있지만 플러스 각을 계산하는 경우엔 톡톡히 효과를 볼 수 있습니다.
상대방의 디펜스를 넘어서려면 정확한 빈쿠션치기는 필수입니다. 고로 '기준트랙' 시스템은 반드시 암기해야 할 사항입니다.
이 모든 시스템을 소화하는 데는 시간이 걸릴 테지만, 한번 습득하고 나면 그 정확성에 여러분 자신도 놀랄 것입니다.
이 책에서 소개한 내용은 당구 전반에 걸쳐 사용되는 시스템 중 일부만을 담아낸 것입니다.
특히 필자는 공을 다루는 기술보다는 쿠션 시스템에 더욱 주안점을 두었는데, 시스템을 전혀 사용하지 않는 선수들이 보다 흥미를 가지고 접할 수 있을 것 같았기 때문입니다.
필자는 본저에 관한 교정, 건의사항, 코멘트 등을 기꺼이 받고자 합니다.

저작권자 월트 해리스(1991년 획득).

미국에서 출판.

이 책에 관한 모든 권리는 저자에게 있습니다. 저자의 허락 없이는 책의 어느 부분도 녹화나 디지털 사진 촬영 등을 통하여 무단으로 복제, 유포 혹은 인터넷 게재를 할 수 없습니다.

다음은 미국과 저작권 협정을 맺은 세계 여러 국가들입니다.

아르헨티나, 오스트리아, 벨기에, 볼리비아, 브라질, 체코 슬로바키아, 칠레, 중국, 콜롬비아, 코스타리카, 크로아티아, 덴마크, 에콰도르, 엘살바도르, 프랑스, 독일, 그리스, 과테말라, 네덜란드, 온두라스, 헝가리, 이탈리아, 일본, 니카라과, 페루, 포르투갈, 필리핀, 폴란드, 스페인, 러시아, 태국, 터키, 베네수엘라, 베트남, 유고슬라비아, 대한민국

1991년 5월 미국에서 초판 인쇄

머리말

　중학교 2학년 때, 당구장은 불량 학생들이나 다니는 곳이라며 만류하던 저를 친구들이 억지로 끌고 들어가던 기억이 아직도 생생합니다. 그리고 그 날 이후로 제 삶은 많이 바뀌었습니다. 수업이 끝나면 언제나 당구장으로 향했고, 머리 속에는 늘 당구대를 그리며 지냈습니다. 그 과정에서 여러 사람을 만났고, 많은 것을 배웠고, 늘 성장하려고 노력했습니다. 당구는 제게 많은 인생의 교훈을 가르쳐 주었습니다. 항상 겸손하게 행동하고, 상대방을 존중할 줄 알고, 매 순간 집중하며, 현재에 안주하지 말고 끝없이 도전해 나가라고 말입니다.

　당구를 좋아하는 사람들은 순수합니다. 나이·직업·사상을 막론하고 당구를 치는 그 순간만은 모두 하나가 됩니다. 게임 중에는 어린 아이가 되어 공 하나 때문에 웃고, 좌절합니다. 게임이 끝나면 서로 경기 내용에 관해서 복구해 보고, 의견을 교환합니다. 많은 경우 경기는 술자리로까지 이어져 공에 대한 난상토론이 시작됩니다. 그리고 비틀거리며 다시 당구장으로 들어와서는 아까 나누었던 얘기들을 당구대 위에서 다시 풀어봅니다. 이렇게 진정으로 당구를 즐기는 많은 분들에게, 이 책이 조금이나마 도움이 되었으면 좋겠습니다.

　『빌리어드 아틀라스』에서는 저자인 월트 해리스씨가 수십 년간 세계 각국에서 수집한 여러 가지 시스템과 테크닉을 소개하고 있습니다. 특히 저자는 구(舊) 다이아몬드 시스템의 문제점을 분석하고, 보다 '정확한' 시스템을 정립하고자 노력했습니다. 그는 각 시스템마다 수구의 속도 / 당점 / 스트로크를 표준화하여 적용했는데, 이 기준에 맞춰 꾸준히 연습하다 보면 좋은 결과가 있을 듯 싶습니다. 뿐만 아니라 브리지, 그립, 정신력 등 당구 전반에 걸쳐 다양한 내용을 수록하고 있으니 많은 도움이 될 것입니다. 간혹 난해한 용어나 문구가 있다면 www.club.cyworld/billiardatlas 로 문의해 주십시오. 최선을 다해 답변해 드리겠습니다.

❖❖❖

이 책이 출판되기까지 많은 분들의 도움이 있었습니다. 우선 6개월 동안 제게 번역을 지도해 주신 세종 번역 전문 학원 하승주·한태영 선생님, 실제 번역 과정에 큰 도움을 준 우리 18의무사 본부중대 카투사·미군 동료들(특히 김강민 상병, Risty Thompson)에게 감사의 말을 전합니다. 또한 제가 이해하지 못했던 부분들을 친절하게 이메일로 설명해 준 저자 월트 해리스씨와, 출판에 힘써주신 일신서적출판사 관계자 분들께도 감사드립니다.

❖❖❖

또한 제게 당구를 가르쳐 준 분들…… 당구 아카데미 손형복 원장님, 양귀문 프로님, 유재영 프로님, 효광중학교 앞 25시 당구장 사장님, 광주일고 앞 벨기에 당구장 사장님, 동일 당구장 사장님, 고려대학교 앞 캠퍼스 당구장 사장님, 큐 당구장 사장님, 멋쟁이 FM 당구장 사장님, 그리고 제게 당구뿐만 아니라 인생을 가르쳐 주신 제 영원한 스승 Y2K사장님께 진심으로 감사드립니다.

❖❖❖

마지막으로 당구를 좋아하지 않았던 그녀에게 이 책을 바칩니다.

2006년 6월 30일
역자 민 창 욱

목 차

	서 문	▶ 9
Chapter 1	간단한 시스템 (Easy Systems)	▶ 19
Chapter 2	기초 몇 가지 (Some Basics)	▶ 37
Chapter 3	반(半)회전 샷 (Semi-Spin Shots)	▶ 57
Chapter 4	스트로크 (More Basics The Stroke)	▶ 83
Chapter 5	기초 보강 훈련 (More Basics)	▶ 103

Chapter 6	볼 시스템 (A Ball System)	▶ 127
Chapter 7	데드볼 (Dead Ball)	▶ 161
Chapter 8	기 타 (Miscellany)	▶ 181

저자 후기 ▶ 215

찾아보기 ▶ 216

용어 정리 · 번역 용어 ▶ 218

추천의 글 ▶ 220

서 문

당구 선수를 위한 기초 훈련서

포켓볼 선수들을 위한 스리쿠션 입문서

스리쿠션 선수가 갖추어야 할 신형 무기 창고

감사의 글

이 책을 출판하는 데 도움을 준 많은 스리쿠션 선수들께 감사드립니다. 비단 아래 언급한 분들뿐만 아니라, 정보를 수집하고 확인하는 과정에서 실례를 끼쳤던 많은 분들께도 감사의 마음을 전합니다.

미국당구협회(USBA, The United States Billiard Association)의 기록과 『빌리어드 다이제스트(Billiard Digest)』에서 발췌한 자료들도 매우 유용하게 쓰였습니다.

- 조시 애스비(George Ashby) | 전미 스리쿠션 챔피언
- 시드 배너(Sid Banner) | 베테랑 선수
- 리차드 비탈리스(Richard Bitalis) | 세계 정상급 스리쿠션 선수, 전 프랑스 챔피언
- 웰커 코크란(Welker Cochran) | 당구계의 전설
- 크리스 크리스만(Chris Chrisman) | 당구장 경영인
- 마이크 도넬리(Mike Donnelly) | 베테랑 스리쿠션 선수
- 돈 피니(Don Feeney) | 미국 스누커 국가대표
- 조지 펠스(George Fels) | 포켓볼 & 스리쿠션 저술가
- 캐로스 핼론(Carlos Hallon) | 전미 스리쿠션 챔피언
- 딕 라공글(Dick LaGongle) | 시카고 소속 스리쿠션 선수
- 이상천(Sang Lee) | 미국 스리쿠션 챔피언, 세계 챔피언
- 빌 말로니(Bill Maloney) | 정상급 스리쿠션 선수
- 레이 마틴(Ray Martin) | 전 포켓볼 챔피언
- 토마스 쇼우(Thomas Shaw) | 포켓볼 저널리스트
- 빌리 스미스(Billy Smith) | 정상급 미국 스리쿠션 선수

멀 스미스(Merle Smith) | 베테랑 스리쿠션 선수

칼 스트라스버거(Carl Strassburger) | 미국당구협회 총재

댈러스 웨스트(Dallas West) | 전 US오픈 챔피언

버니 위셴그라드(Bernie Wishengrad) | 베테랑 스리쿠션 선수

조 벤트렐리(Joe Ventrelli) | 베테랑 스리쿠션 선수

데니스 해리스(Dennis Harris) | 후원자

소개의 글

『빌리어드 아틀라스』를 편찬한 가장 주된 목적은 득점할 수 있는 방법에 대한 정보를 제공하고, 서로 연관된 샷에 대한 핵심을 파악하여 당구 연구의 초석을 마련하기 위함입니다. 즉 이 연구는 한 가지 샷이 아닌, 서로 연관된 샷의 패턴에 대해 다루고 있습니다.

과거에는 당구 선수가 여러 가지 이론에 대해 연구해 보려고 해도 정제된 정보가 부족했습니다. 기라성 같은 선수들이 남겼던 중요 저술들은 시간이 흐르면서 차츰 잊혀져 갔습니다. 또한 조금 더 세련된 정보를 담은 당구 서적들은 외국어 판으로는 접할 수 있었지만, 영어로 번역된 건 극히 드물었습니다.

그래서 저는 스스로 리포터가 되어, 당구에 관한 양질의 정보를 연구하고 수집하기로 결심했습니다. 이후 저는 5년 동안 당구에 관한 정보가 있는 모든 곳을 돌아다녔습니다. 정상급 선수들에게 비법을 전수받고, 옛 저술들을 탐독했으며, 자체적으로 실험도 해 보았습니다.

『빌리어드 아틀라스 2권』에서는 경기력을 향상시킬 수 있는 여러 방법을 80여 가지 그림과 더불어 담고 있습니다. 책에 소개된 다양한 시스템과 테크닉은 검증된 것들로써, 독자 여러분은 한번에 한 페이지씩 천천히 연습해 보시기 바랍니다. 특히 기초적인 부분은 한 문단씩 꼼꼼히 살펴 보시길 바랍니다.

선수들이 연구하지 않으면 간과할 수 있는 내용에 대한 단적인 예가 5장에 제시되어 있습니다. 바로 1적구와 부딪히기 전 수구의 움직임에 관한 것입니다. 이 장에서는 1적구를 겨냥할 때 '수직 축 당점(vertical axis English)'[1]이 갖는 중요성에 대해서 일깨워 줄 것입니다.

---

[1] 수구에 옆회전을 뺀 당점. 즉 상단, 중상단, 무단, 중하단, 하단 등의 당점을 나타낸다.

일반 동호인들은 수구가 좌우로 휘는 움직임을 억제하기 위해 '수직 축 당점'을 적용해야 한다는 사실을 알지 못합니다. 그들은 수구에 옆회전을 주었을 때 정확히 겨냥했던 지점으로 진행할 것이라고 생각합니다. 하지만 수구가 겨냥점으로 곧게 진행하는 경우는 거의 없으며, 항상 디플렉션(Deflection, 꺾임)이나 커브를 그립니다. 그리고 곧잘 두께 조절의 실패로 이어집니다.

일반 동호인들은 위의 정보의 중요성을 인식하지 못하고 있으며, 단지 눈과 손을 무기로 시합에 임하려 합니다. 이 비법을 전수해 주지 않으려는 당구계 전체의 분위기 때문에 무지는 더욱 깊어만 갔고, 당구는 대충대충 치는 스포츠로 전락해 버렸습니다. 그리고 선수들은 단지 자신이 경험했던 수만 가지 상황에 의존할 수밖에 없었습니다.

경기중에 상대 선수들은 종종 이렇게 말합니다. 제발 내가 알고 있는 공이 떠라. 이처럼 선수들은 대부분 자신이 가장 잘 알고 있는 샷에서 득점에 성공합니다. 그렇다면 어려운 샷을 조금 더 쉽게 풀어낼 수 있는 방법을 배워보는 건 어떨까요? 『빌리어드 아틀라스』와 함께 공부한다면 많은 도움이 될 것입니다.

여러분은 이 책을 통해 지금까지 들어보지도 못했던 기술을 발견하는 쾌감을 느낄 수 있을 것입니다. 사실 새로운 기술을 연구하고 숙달시키는 것은 즐거운 일입니다. 프로 골퍼나 프로 야구선수가 연습장에서 부단히 스윙 연습을 하는 것도 이 때문이죠. 저와 함께 당구에 관해 조금 더 연구해 보는 건 어떻습니까?

게임을 알아갈수록 만족감은 더욱 커집니다. 당구에 관한 지식을 배워갈수록 상대방의 실력이 어느 정도인지 판가름할 수 있게 됩니다. 상대가 독자 여러분도 '배운' 기술을 사용한다면 금방 알아차릴 수 있을 것입니다. 왜냐하면 '배운' 기술 대부분은 실전에서 똑같이 적용되기 때문입니다.

세계적인 선수가 되려면 재능은 필수적입니다. 뿐만 아니라 당구의 기초를 완전히 이해할 때까지 하루 몇 시간씩 할당해 연구하고, 각 시스템과 테크닉을 50~60회씩 연습해야 합니다. 이 과정을 몇 년 동안 반복한다면, 당신은 세계 정상급 선수들 사이에서 경쟁할 수 있는 의지와 열정, 그리고 정신력을 갖게 될 것입니다.

만일 포켓볼 선수가 이 책의 내용을 습득한다면, 나인볼과 원포켓 게임에서 비약적인 발전이 있을 것입니다. 먼저 스리쿠션 당구대에서 연습한 후에 포켓볼 당구대에서 적용해 보기 바랍니다.

'연습'이란 당구대 위에서 새로운 정보를 검토하고, 습득하고, 몸에 숙달시키는 것을 말합니다. 가능하다면 다른 선수와 함께 연습하십시오. 새로운 정보를 검토하기가 더 수월할 것입니다.

연습 없이 실전에서 기술을 사용한다는 건 바보 같은 짓입니다.

새로운 정보를 습득하는 동안에는 많이 혼란스러울 것입니다. 하지만 전체적인 감을 되찾게 되면, 당신은 그 어느 때보다도 강해질 것입니다.

혹시 저의 문장력 부족으로 인해 독자 여러분이 여러 기술을 이해하는 데 지장이 있지는 않을까 걱정입니다. 당구가 워낙 난해한 종목이라 집필에 어려움이 있는 점 양해해 주시기 바랍니다.

그럼 즐거운 여행을 보내시길 바랍니다.

수구 표기법(Cue ball Notation)

무엇보다 중요한 것은 수구를 일정하게 스트로크하여 몇 쿠션을 돌고 난 후에도 정확히 원하는 지점에 보낼 수 있어야 한다는 것이다.

공을 '때리는' 것이 아니라, 정확히 '스트로크' 할 수 있는 능력이 필요하다.

이 책에서 소개할 시스템에서는 과도하게 손목을 사용할 필요가 없다. 수구를 정확히 스트로크하지 못하거나, 과도하게 손목을 사용할 경우 수구 진행 방향의 오차는 더욱 커진다.

수구의 진행 방향에 생기는 오차는 대략 수구에 부여한 당점의 반팁 정도이다. 당점의 팁에 관해서는 아래의 그림을 참고하라.

수구의 속도(Rail speed)란 수구가 부여된 숫자의 쿠션만큼 돌아나올 수 있는 속도(힘)를 말한다(예 : 수구의 속도가 4일 경우 수구는 4쿠션까지 돌고 5쿠션에 맞기 전에 멈춰야 한다).

※ **주의사항** 이 책에서는 진로(path)대신에 트랙(track)을, 수구의 회전(cue ball spin)이나 수구의 작용(cue ball effect) 대신에 당점(english)이란 단어를 사용하였다.

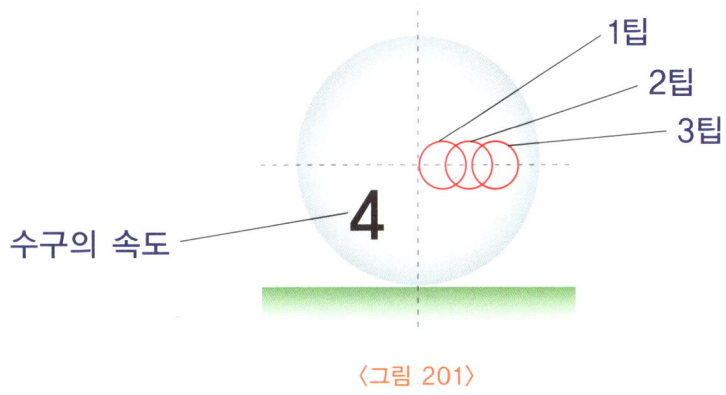

〈그림 201〉

당구대의 슬라이드 측정(Measuring Table Slide)

당구대 쿠션의 천을 새로 갈았거나 새 공을 사용할 경우, 낡은 천과 공을 사용할 때와는 다르게 분리된다. 따라서 시스템과 테크닉을 적용하기 위해서는 이 둘의 차이에 대한 정확한 정보가 필요하다. 그리고 이 정보를 구하기란 비교적 쉽다.

〈그림 202〉는 수구를 단축 중앙에 놓고 맥시멈 회전을 적용하여 팔로-스루로 스트로크 했을 때 수구의 진로를 나타낸다.

칼끝을 기준으로 양쪽 단축 사이를 오가는 수구의 거리를 측정해 보자. 오른쪽 그림에서는 상단 O쿠션에서 좌로 2포인트 움직인 후 하단 P쿠션으로 1.6포인트 움직였으므로, 총 슬라이드는 3.6이 된다. 그리고 이 책의 시스템에서는 슬라이드 3.6이 기준이 된다.

세계적인 경기가 열리는 당구대는 쿠션의 천이나 공이 모두 새 것이며 슬라이드는 3.1 정도이다. 고로 샷을 할 때 이 차이를 항상 감안해야 한다.

여러분의 당구대도 세계적인 경기가 열리는 당구대의 상태로 만들 수 있다(205쪽 참고). 필자는 이 방법을 강력히 추천하는 바이다. 이 당구대에서는 공이 빠르게 구르고 수구의 회전도 끝까지 살아 있어 게임의 수준이 한층 더 향상될 것이다.

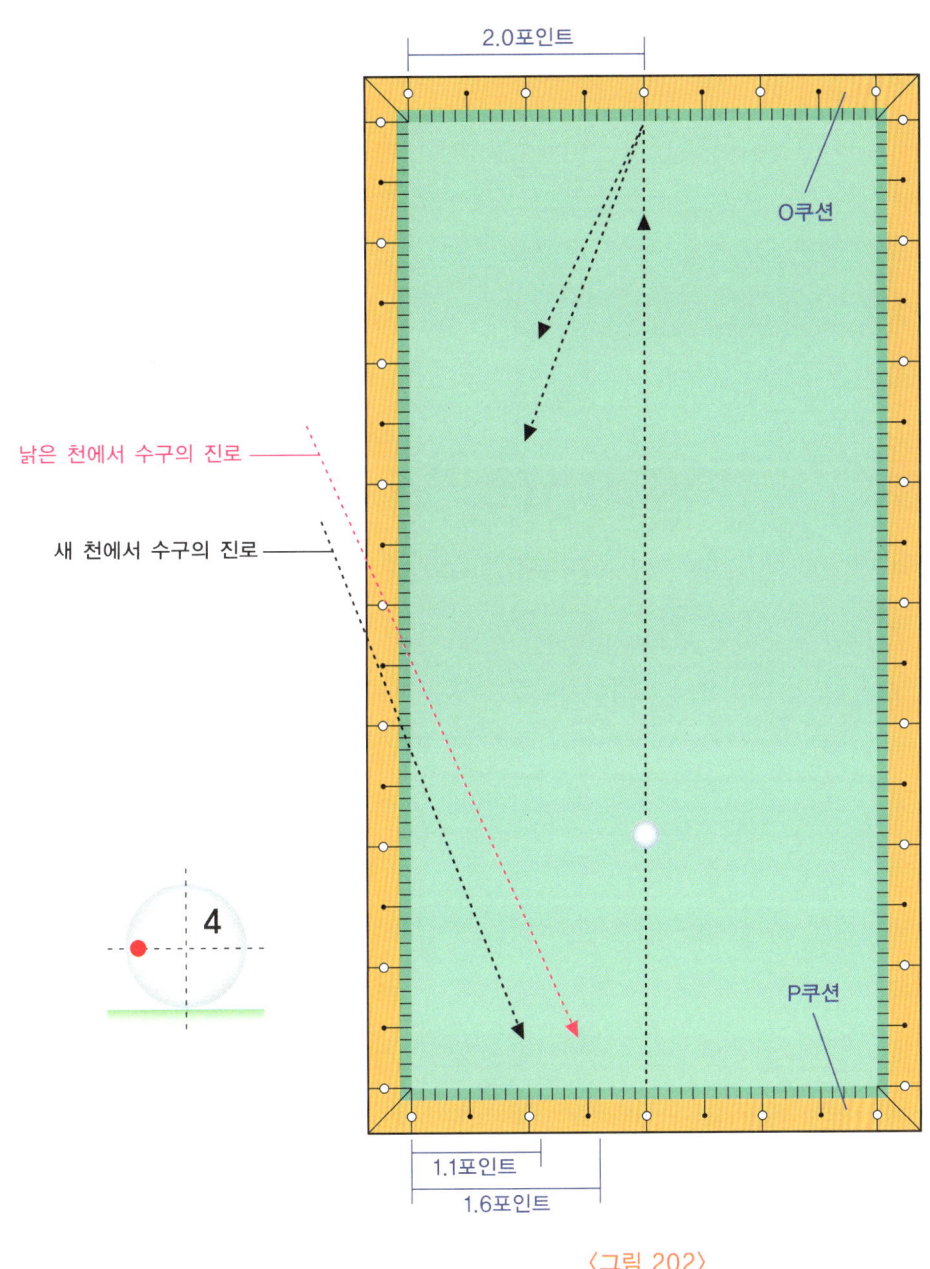

〈그림 202〉

빌리어드 아틀라스
THE BILLIARD ATLAS

시스템, 테크닉과 관련된 다양한 당구 도면을 집대성한 책.
샷을 컨트롤 할 수 있는 능력을 갖춰야 효력을 발휘할 수 있다.

Billiard ATLAS Chapter 1

간단한 시스템
Easy Systems

제1장에서는 일본에서 전수해 온 일급 시스템을 소개하고 있다.
이 시스템을 습득하면 여러분의 감각을 크게 보강할 수 있다. 특히 더블쿠션 샷의 진로를 측정하는 데 많은 도움이 된다. 이 시스템의 효과는 매우 탁월하기에 여러분은 보강된 감각에 더욱 의존하게 될 것이다.
만일 여러분이 시합에서 뉴욕 바비 시스템을 구사한다면, 난구를 너무나 쉽게 풀어내는 모습에 관중들은 감탄할 것이다. 예전과 같은 실수를 다시는 반복하지 않아도 된다.
$32.00 시스템은 이 책값이 아깝지 않을 만큼 훌륭한 시스템이며, 독자 여러분의 득점력은 더욱 향상될 것이다.

- 라이징 선 시스템
- 라이징 선 시스템의 변형
- 뉴욕 바비 시스템
- 라이징 선 시스템 2
- 뉴욕 바비 시스템의 기준 트랙
- $32.00 시스템

라이징 선 시스템
Rising Sun Ball System

▶ 이 시스템은 일본 최고의 선수인 노부아키 고바야시(Nobuake Kobayashi)가 전수해 준 것으로, 쉽게 이해하고 적용할 수 있다. 필자는 평생 스리쿠션을 쳐 왔지만, 〈그림 203〉과 같은 공에서 수구의 팁에 숫자를 부여해 계산할 수 있다는 사실은 알지 못했다. 다음 세대의 선수들이 필자가 겪었던 고통을 겪지 않아도 된 건 그나마 다행이다. 여기서도 마찬가지로 스트로크와 수구의 속도, 1적구의 두께는 모두 표준화되어 있다.

▶ 이 시스템에서 수구의 팁에 적용된 숫자는 기존의 숫자와는 다르다. 또한 수구의 팁이 5나 −5인 경우엔 커브가 발생하므로 두께 조절에 특히 유의하라.

▶ 이 시스템의 트랙을 응용하면 더블쿠션에도 적용할 수 있다. 물론 당점 조절이 필요할 것이다.

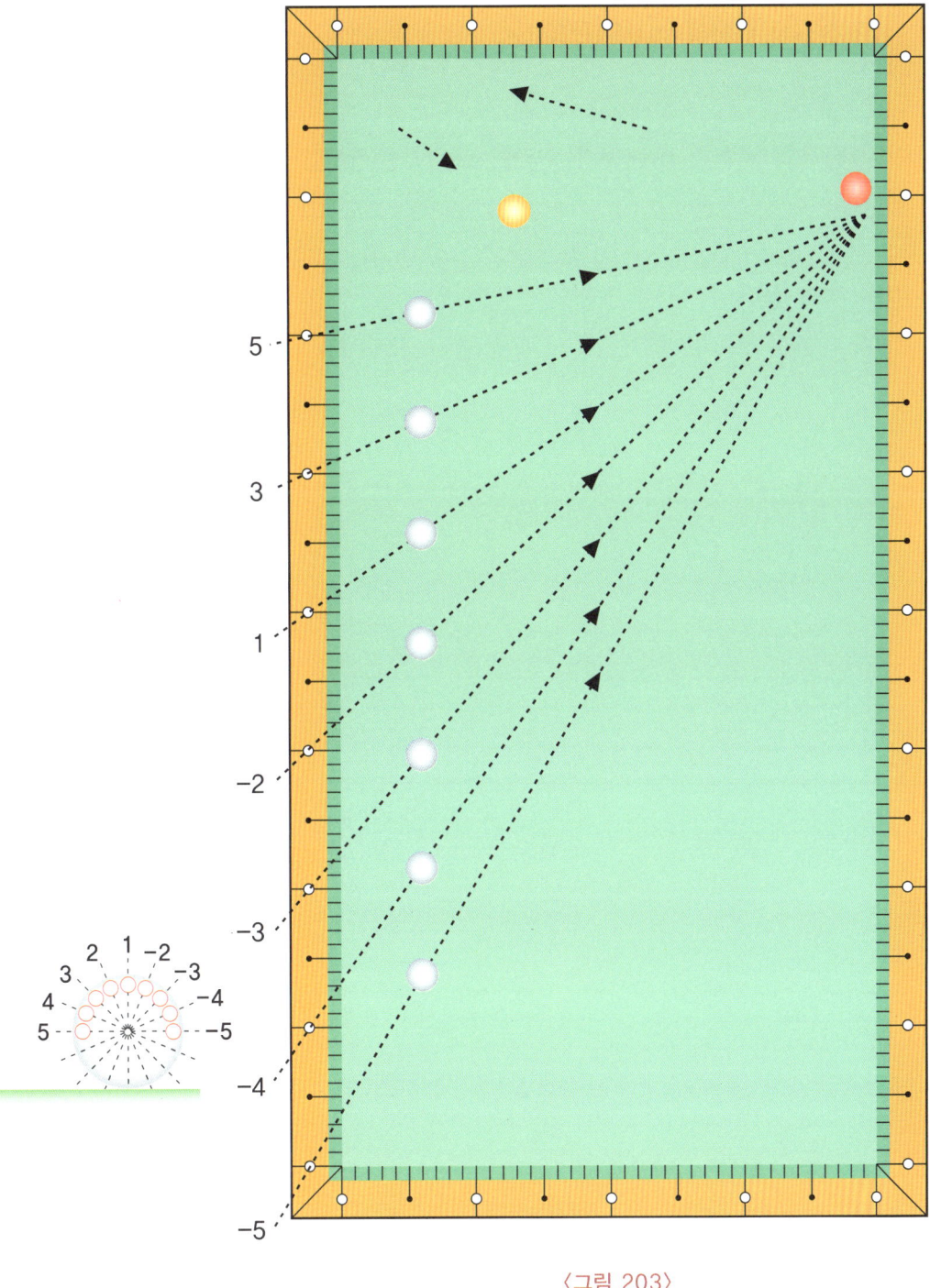

〈그림 203〉

EASY SYSTEMS

라이징 선 시스템 2
Rising Sun Ball System 2

▶ 수구와 1적구의 위치가 바뀌었다는 것을 제외하곤 앞장과 같은 시스템이다.

▶ 스트로크와 당구대에 따라 미묘한 차이가 있으므로, 수구 수를 약간씩 조정해 주는 것이 좋다.

▶ 주의 : 1적구는 단축으로 향해야 한다.

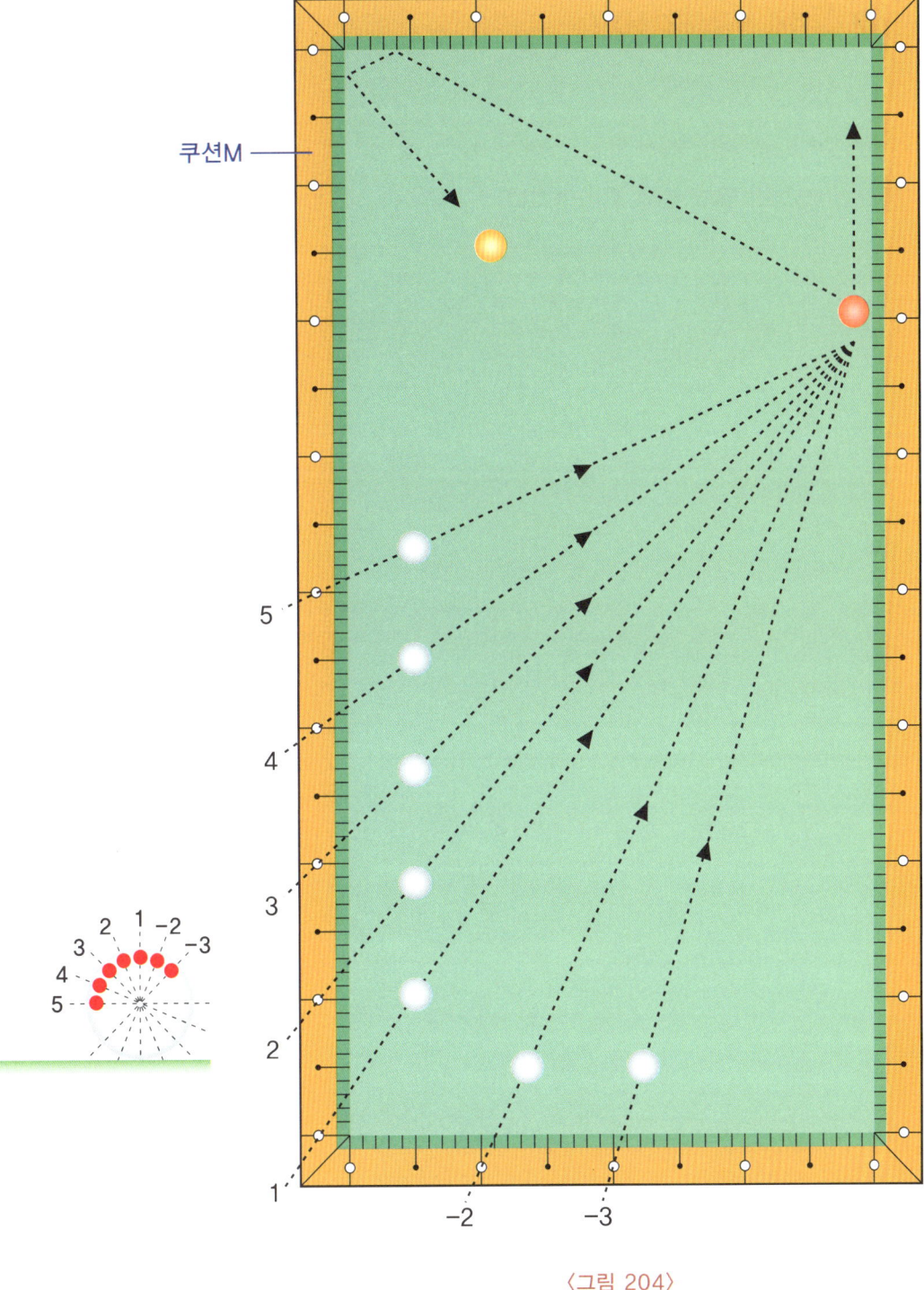

〈그림 204〉

라이징 선 시스템의 변형
Rising Sun Variation

▶ **고바야시** 선수는 스리쿠션 지점을 변형시켜가며 이 시스템을 사용한다. 매우 정확할 뿐더러 흥미로운 시스템이다.

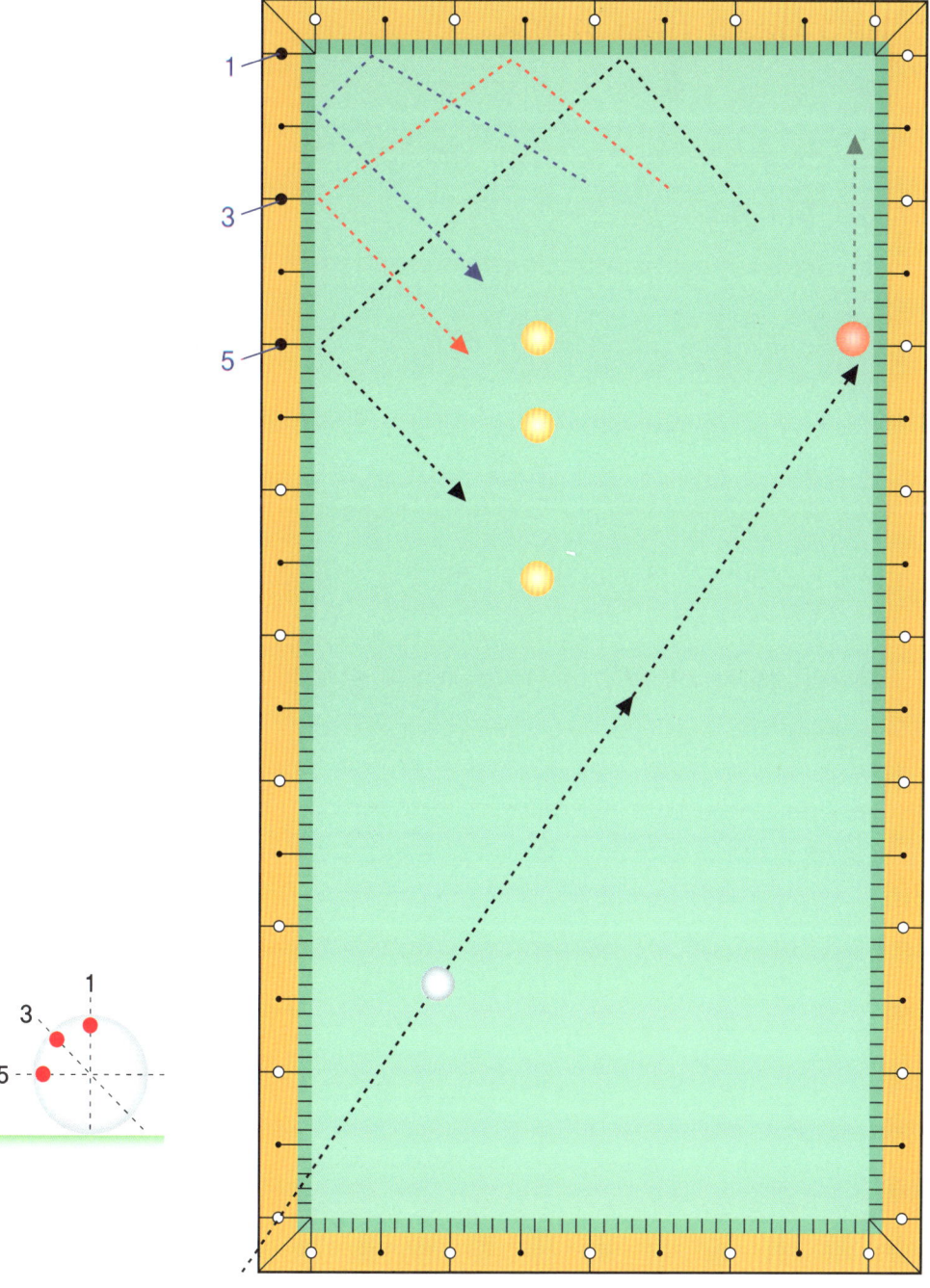

<그림 205>

EASY SYSTEMS

뉴욕 바비 시스템의 기준 트랙
Isolated Dead Ball Track

▶ 만일 45년 전에 이 트랙을 알았더라면 하는 생각이 든다. 수구 수 Y에서 Z를 향하는 선이 기준 트랙이 된다.

▶ 수구의 당점은 중상단이고 끝까지 굴려 주어야 한다.

▶ 스트로크나 당구대에 따라 차이가 있을 것이다. 오른쪽 그림에서 검은색 표시가 된 부분에서 샷을 해 보고 코너로 돌아왔을 때의 수구 수를 찾아라.

▶ 또한 공의 상태에 따라 큰 차이가 있을 것이므로, 자주 테스트 샷을 해 보라.

▶ 만일 수구의 속도가 7일 경우, 수구 수는 Y에서 오른쪽으로 움직인다.

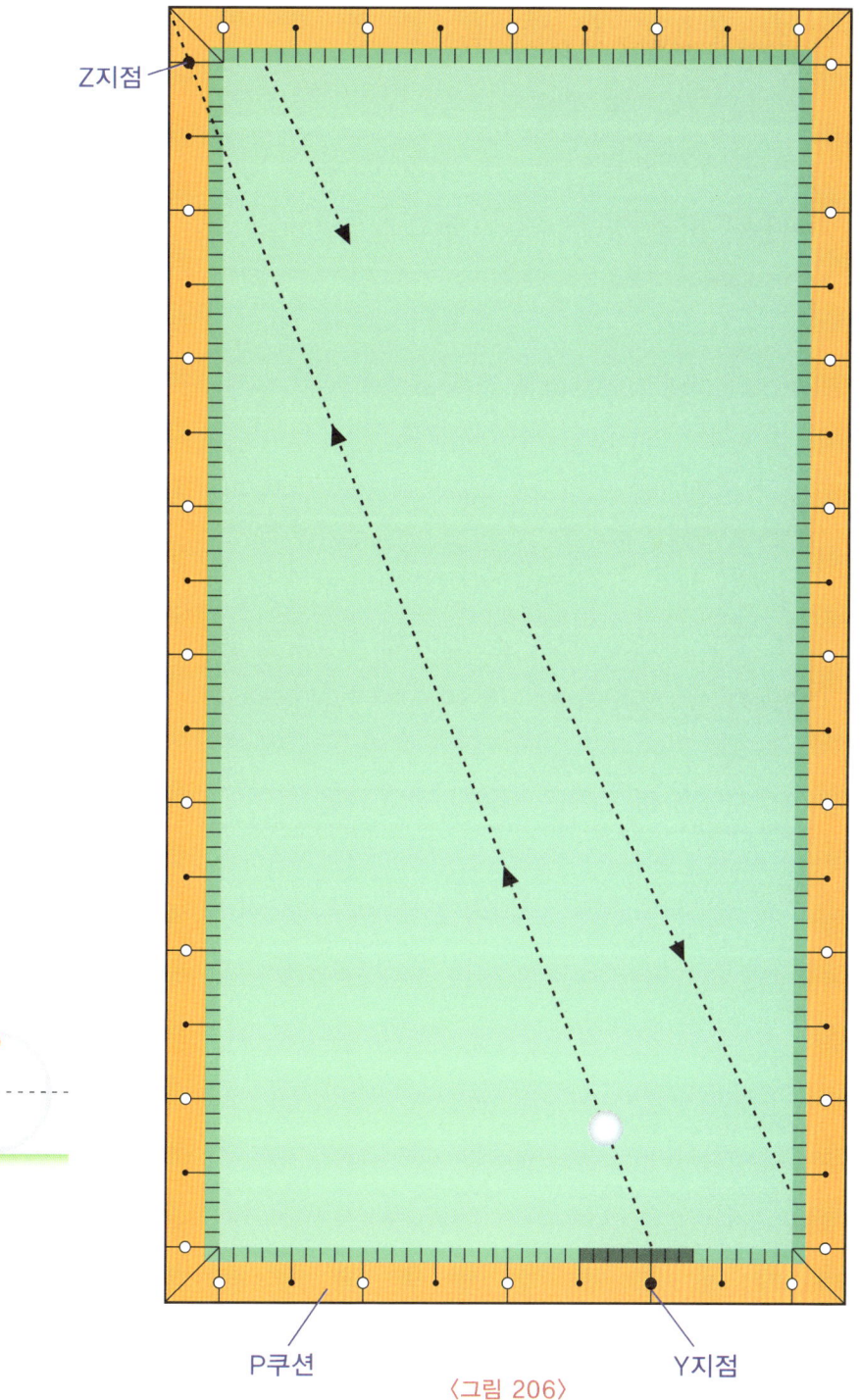

P쿠션　〈그림 206〉　Y지점

뉴욕 바비 시스템
New York Bob System

▶ 앞 페이지에서 기준이 되는 수구 수를 정했다면, 뉴욕 바비라 불리는 시스템을 적용해 볼 수 있다. 수구가 좋지 않은 위치에 있을 경우 이 시스템의 중요성은 더욱 커진다.

▶ 공과 쿠션의 상태가 양호하고 기준 트랙의 수구 수가 Y라고 가정해 보자.

▶ 수구 수가 Y에서 반 포인트씩 좌측으로 움직일 때마다 1쿠션 지점은 Z에서 한 포인트씩 아래로 조정된다. 〈그림 207〉에서 트랙A, B, C, D를 참고하라.

▶ 트랙D의 경우 Y에서 2포인트 떨어져 있으므로 Z에서 4포인트 아래로 조정되었다.

▶ 다음 페이지에서 이 트랙을 적용한 샷의 예를 보여줄 것이다.

▶ 맨하탄 출신의 바비 파비아(Bobby Pavia) 선수가 이 시스템을 전수해 주었다.

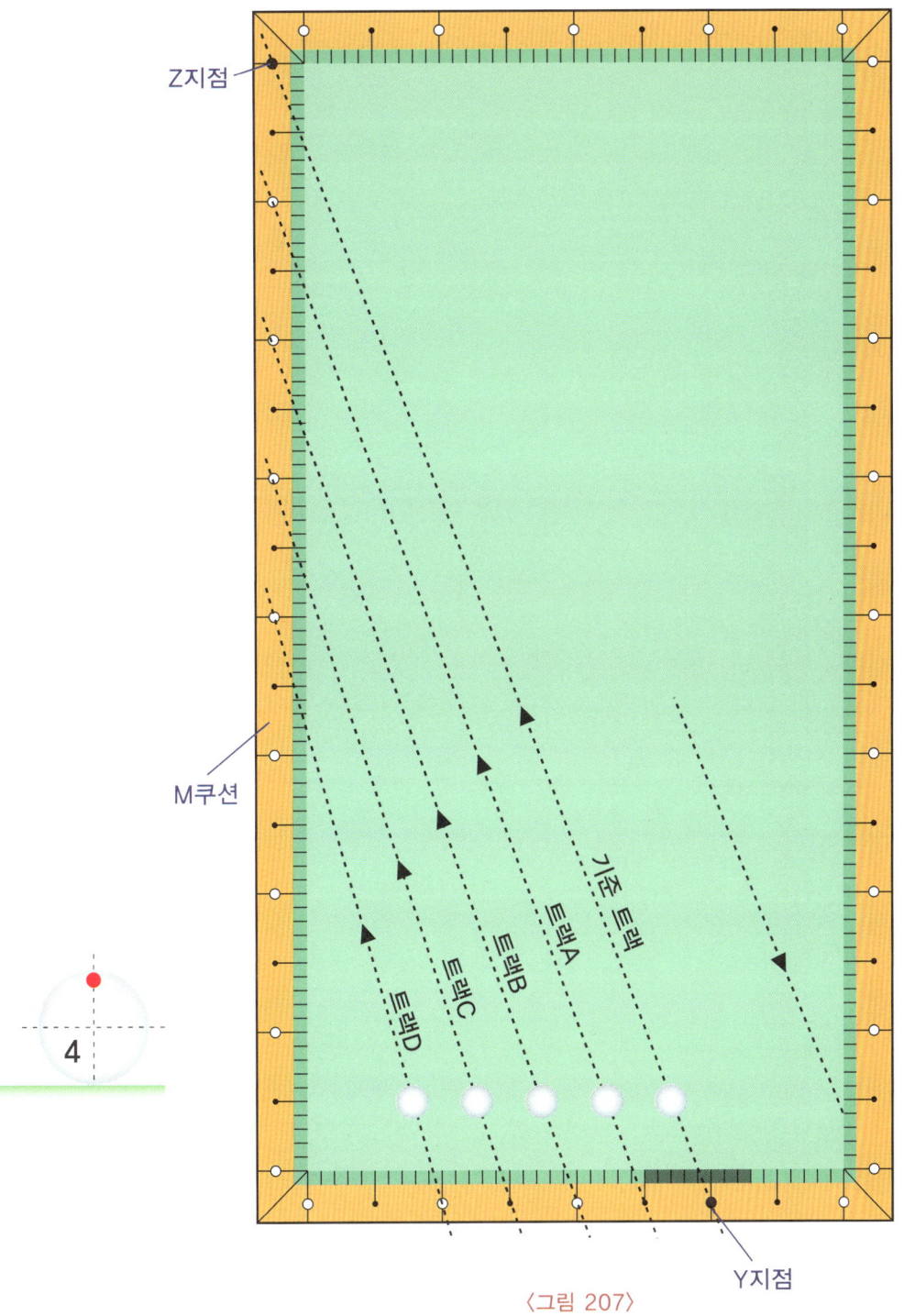

〈그림 207〉

EASY SYSTEMS

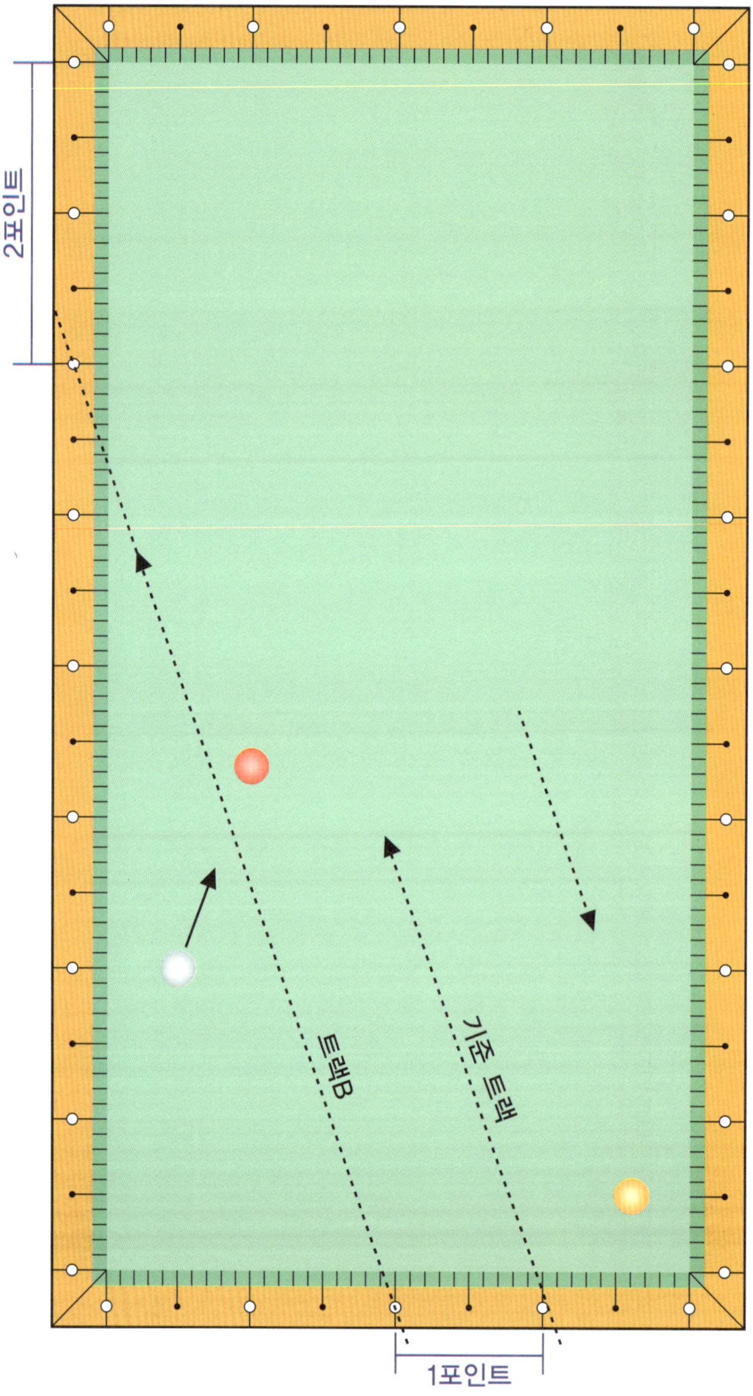

〈그림 208〉

〈그림 209〉

EASY SYSTEMS

$32.00 시스템
$32.00 System

▶ 프로 선수들은 이 샷을 매우 쉽게 풀어내지만, 일반 동호인들은 그렇지 못하다.

▶ 트랙을 따라 각 쿠션 지점에 정확히 수구를 보낼 수 있는 선수는 매우 적을 것이다.

▶ 이 시스템을 사용하는 방법은 다음과 같다. 먼저 수구의 예상 진로를 눈으로 그리고 1쿠션 지점을 측정하라(A지점). 그 후 A지점 뒤로 걸어가서 뉴욕 바비 시스템을 적용해 2쿠션 지점을 파악하라.

▶ 1, 2쿠션 지점이 정해지면 3쿠션 지점을 측정하는 건 어렵지 않다(상단 단축의 검은색 표시된 부분). 이로써 수구의 진로가 완성된다.

▶ 수구가 Y에서 Z로 향하면 2적구 근처에 떨어진다는 사실은 이미 배운 바 있다. A는 Y에서 2포인트 떨어져 있으므로 2쿠션 지점은 Z에서 4포인트 아래로 내려와야 한다. 얼마나 쉬운가?

▶ 수구는 1적구의 양쪽 모두에 위치할 수 있으며, 상단 당점 적용 시 곡구 현상이 발생한다는 점도 고려해 넣기 바란다.

※ 168~169쪽의 내용과 비교해 보며 검토하라.

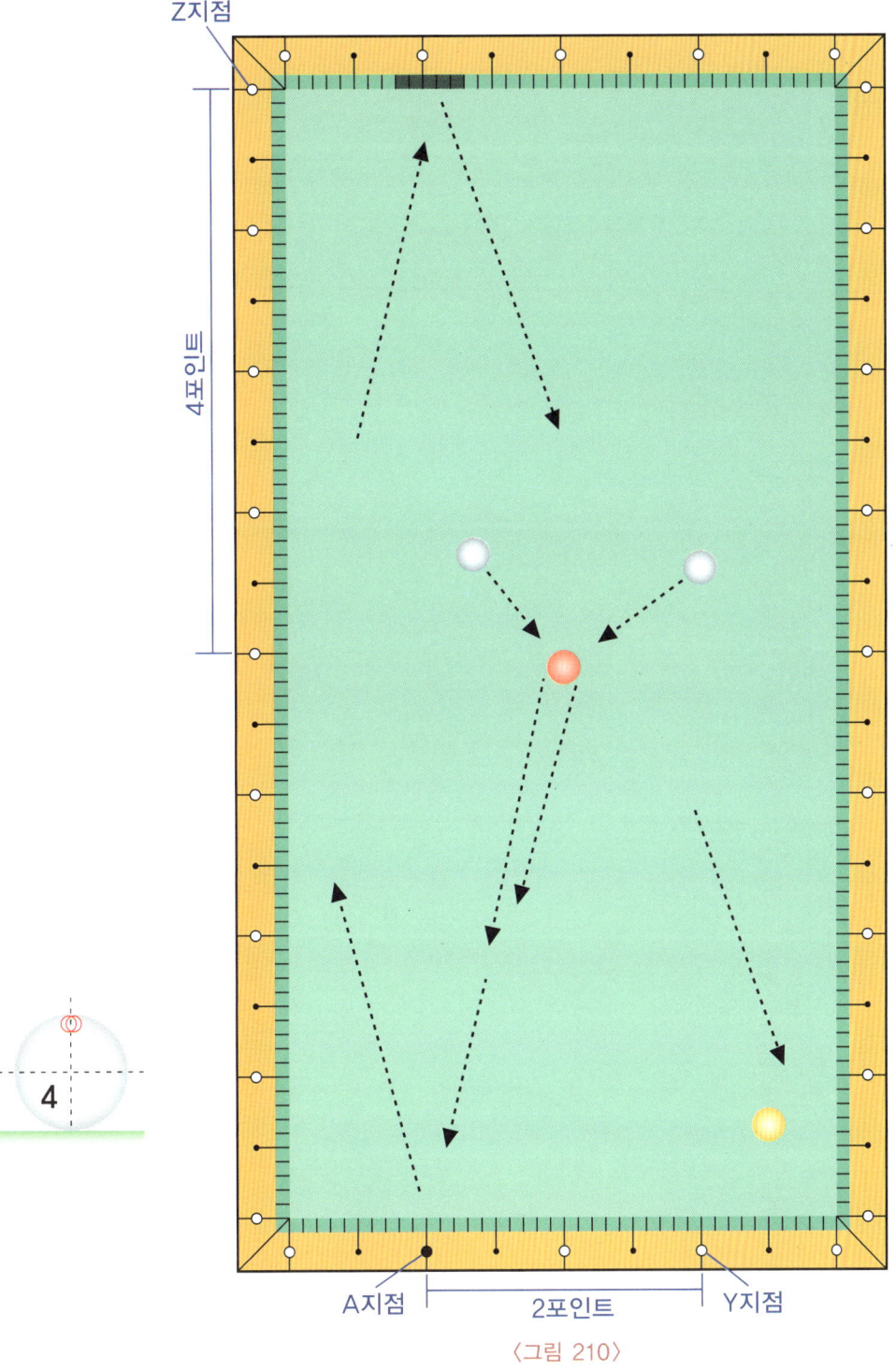

〈그림 210〉

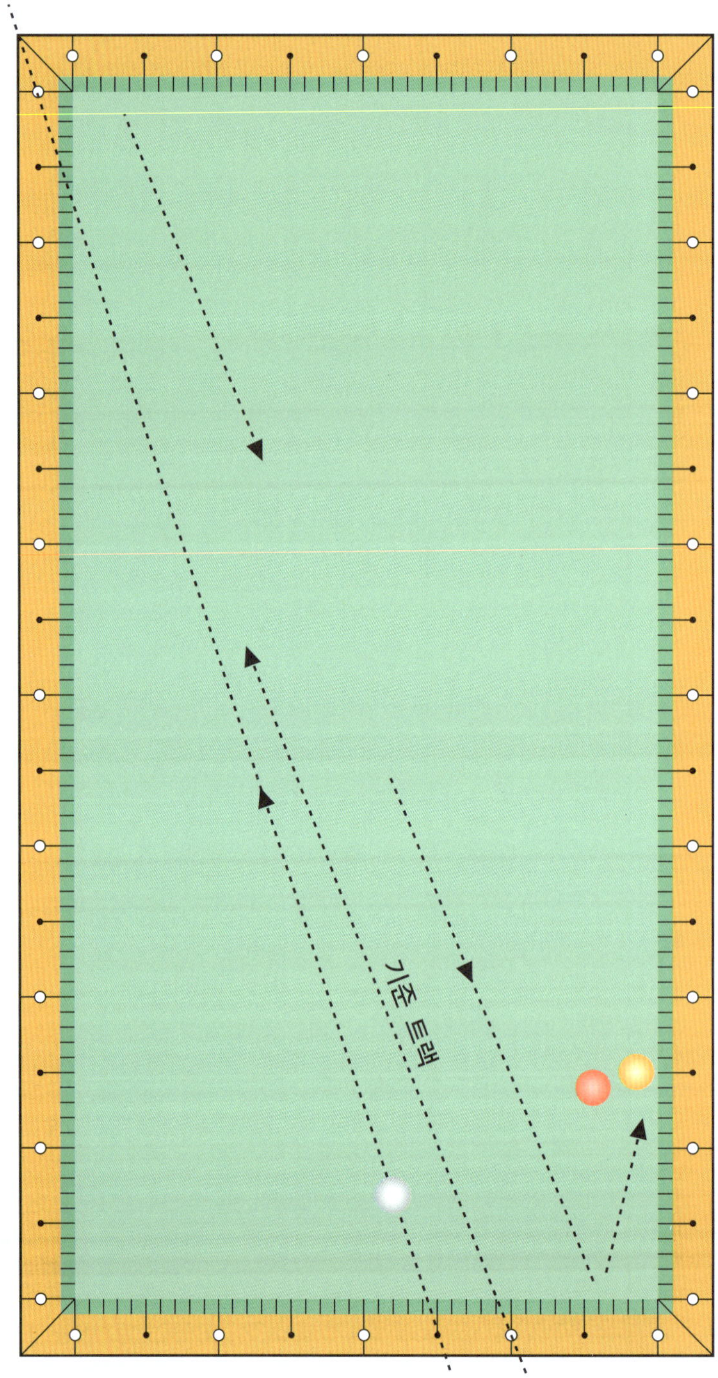

〈그림 211〉

고수들의 조언
Words From Above

제가 일반 동호인들께 드리는 조언은,
포지션 플레이 등 게임의 다른 요소에
신경 쓰기 이전에 우선 득점하는 방법부터
습득해야 한다는 것입니다.

– 토브욘 브롬달(Torbjorn Blomdahl) –

Billiard
ATLAS

Billiard ATLAS Chapter 2

기초 몇 가지
Some Basics

이 장에서는 그립을 쥔 손의 위치와, 그 손의 위치가 이동함에 따라 수구는 어떤 영향을 받는가에 관해 소개하고 있다. 이 테크닉은 독자 여러분에게 새로운 무기가 될 것이다. 책의 내용을 몇 번 실험해 보면 금방 실전에서 사용할 수 있다.
또한 리듬이 얼마나 중요한 테크닉인지도 알게 될 것이다.
조지 애스비(George Ashby) 선수의 '숨막힘'과 '두 번째 찬스'에 관한 조언도 득점력 향상에 큰 도움이 될 것이다.

- **업 스트로크, 다운 스트로크**
- **롱앵글에서의 업 스트로크**
- **간단한 쇼트앵글에서의 스트로크**
- **숨막힘**
- **스트로크의 위치**
- **롱앵글에서의 다운 스트로크**
- **그립을 쥔 손**
- **리듬**

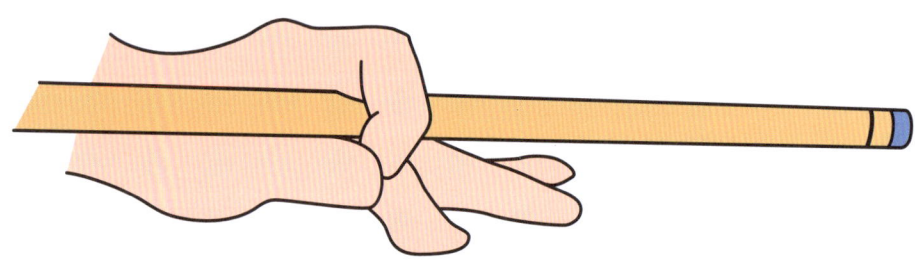

표준 브리지

〈그림 212〉

업 스트로크, 다운 스트로크
Up Stroke, Down Stroke

▶ 1993년 크리스씨의 당구장에서 열린 USBA(미국당구협회) 지역 예선에서 조지 애스비(George Ashby) 선수가 스트로크에 관해 이야기했다. 그는 특히 다운 스트로크과 업 스트로크에 주안점을 두며 이들이 수구의 진로를 어떻게 변화시키는지 설명했다.

▶ 그립을 쥔 손과 팔뚝의 위치가 업 스트로크와 다운 스트로크를 결정한다. 이처럼 스트로크에 변화를 줄 경우 상당히 쉽게 풀어낼 수 있는 공들이 존재한다. 하지만 그 원리를 알지 못할 경우, 다운 스트로크가 필요한 상황에서 업 스트로크를 잘못 사용할 수도 있다.

▶ 필자가 생각하기에는 다음 페이지에 소개된 그림을 보며 업, 다운 두 스트로크에서 팔뚝의 위치와 '중립 스트로크'에서 팔뚝의 위치를 비교해 보는 것이 가장 이해하기가 빠를 것이다.

▶ 필자의 구력이 50년이 넘었지만 누구도 이 테크닉에 관해 말해 주거나, 이 테크닉이 존재한다는 사실을 귀띔해 주지도 않았다. 아마도 이 테크닉은 원자폭탄 제조 기술에 버금가는 일급 비밀일지도 모른다.

스트로크의 위치
Stroke Positions

▶ 오른쪽 그림은 각 스트로크마다 그립을 쥔 손의 위치를 나타낸다.

▶ 〈그림 213A〉에서 그립은 큐팁이 수구를 때릴 때 팔뚝과 당구대가 수직을 이룰 수 있는 지점에 위치한다. 이를 '중립 지점'이라 칭한다.

▶ 〈그림 213B〉에서 그립은 '중립 지점'보다 훨씬 뒤쪽에 위치하고, 팔뚝은 당구대 뒤로 각을 형성한다. 이 경우 팔로-스루 시에 큐팁은 위쪽을 향하게 되고(그림에서 점선 참조), 수구와 1적구와의 분리각은 좁아진다.

▶ 〈그림 213C〉에서 그립은 앞쪽에 위치하고 팔로-스루 시에 큐팁은 아래쪽을 향하게 되며, 1적구와의 분리각은 늘어난다. 이를 다운 스트로크라 부른다.

※ 만일 여러분이 어떤 특정한 샷에서 '중립 스트로크'를 사용하되 그립의 위치를 무의식적으로 이동시켰다면, 이 역시도 수구의 진로에 영향을 미칠 것이다.

중립 스트로크

〈그림 213A〉

팔의 각도

팔로-스루 시 큐팁은
위쪽을 향한다.

업 스트로크

〈그림 213B〉

팔의 각도

팔로-스루 시 큐팁은
아래쪽을 향한다.

다운 스트로크

〈그림 213C〉

팔의 각도

롱앵글에서의 업 스트로크
Long Angle Up Stroke

▶ 다음과 같은 샷은 업 스트로크를 사용하면 편하게 득점할 수 있다. 〈그림 214〉를 보면 쿠션에서 회전을 맥시멈으로 살려도(maximum running english) 득점할 수 없는 것처럼 보인다. 그렇다고 해서 역회전을 적용하기는 너무 까다롭다. 하지만 업 스트로크를 사용하면 마법을 부린 것처럼 수구가 길게 늘어져 쉽게 득점할 수 있다.

▶ 업 스트로크를 사용할 경우 커브나 스쿼드, 슬라이드 같은 수구의 움직임을 최소화할 수 있고, 분리각 또한 좁힐 수 있다.

▶ 중립 스트로크나 다운 스트로크를 사용하면 1적구를 맞히고 난 후 수구가 전진력을 유지하고 있으므로, 1쿠션 지점은 코너에서 멀어지게 된다. 수구는 1적구에 맞고 난 후 약간 커브를 그리므로 각은 좁아진다. 별것 아닌 것처럼 보여도 이 차이는 매우 크다.

▶ 업 스트로크에서는 수구의 좌우 움직임을 최소화할 수 있으므로 분리각을 좁히고 두께를 조절하는 데 많은 도움이 된다. 여러분이 업 스트로크형 선수가 되어 보는 것도 나쁘진 않다. 다만 그립의 위치에 대해 항상 주의하라. 위치가 조금만 달라져도 샷 성공률이 현격히 떨어지기 때문이다.

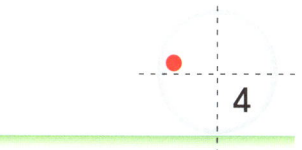

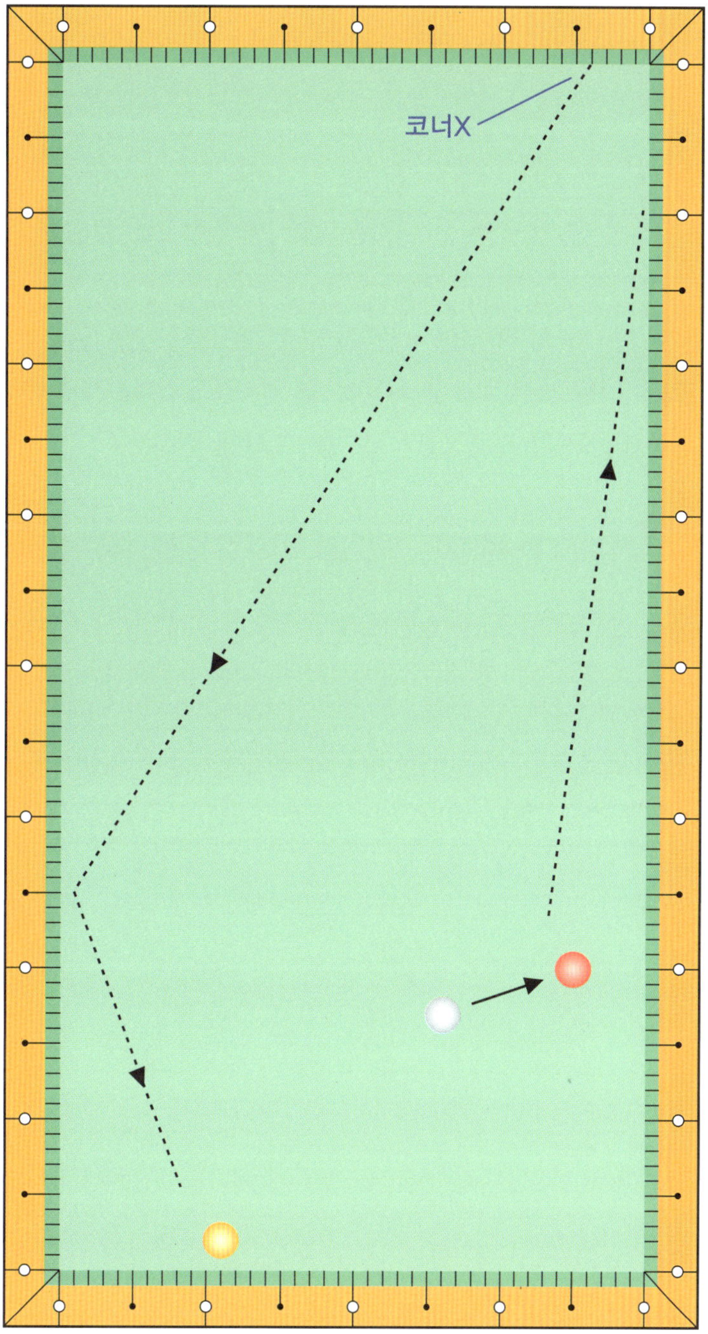

코너X

〈그림 214〉

SOME BASICS

롱앵글에서의 다운 스트로크
Long Angle Down Stroke

▶ **조지 애스비** 같은 선수는 전형적인 다운 스트로크형 선수이며, 이 역시 나쁘진 않다. 반면 **클르망** 선수 같은 경우는 중립 스트로크를 사용한다.

▶ 〈그림 215〉에서 득점에 성공하려면 수구를 상단 단축에 떨어뜨려야 하며, 이 경우 다운 스트로크를 사용해 볼 수 있다. 수구의 전진력이 길게 유지되므로 1쿠션을 맞기 전에 살짝 곡구를 그리게 된다.

▶ 오른쪽 그림의 배열에서는 키스를 피하기 위해 1적구를 얇게 맞추어야 한다. 그런데 중립 스트로크나 업 스트로크를 사용할 경우 분리각이 좁아지므로 상단 단축 코너로 보낼 수 없다.

▶ 다운 스트로크를 사용하면 수구의 진로를 길게 늘어뜨릴 수 있지만, 수구의 움직임(커브, 스쿼드 등)은 더욱 커진다. 고로 두께 조절에 유의해야 한다.

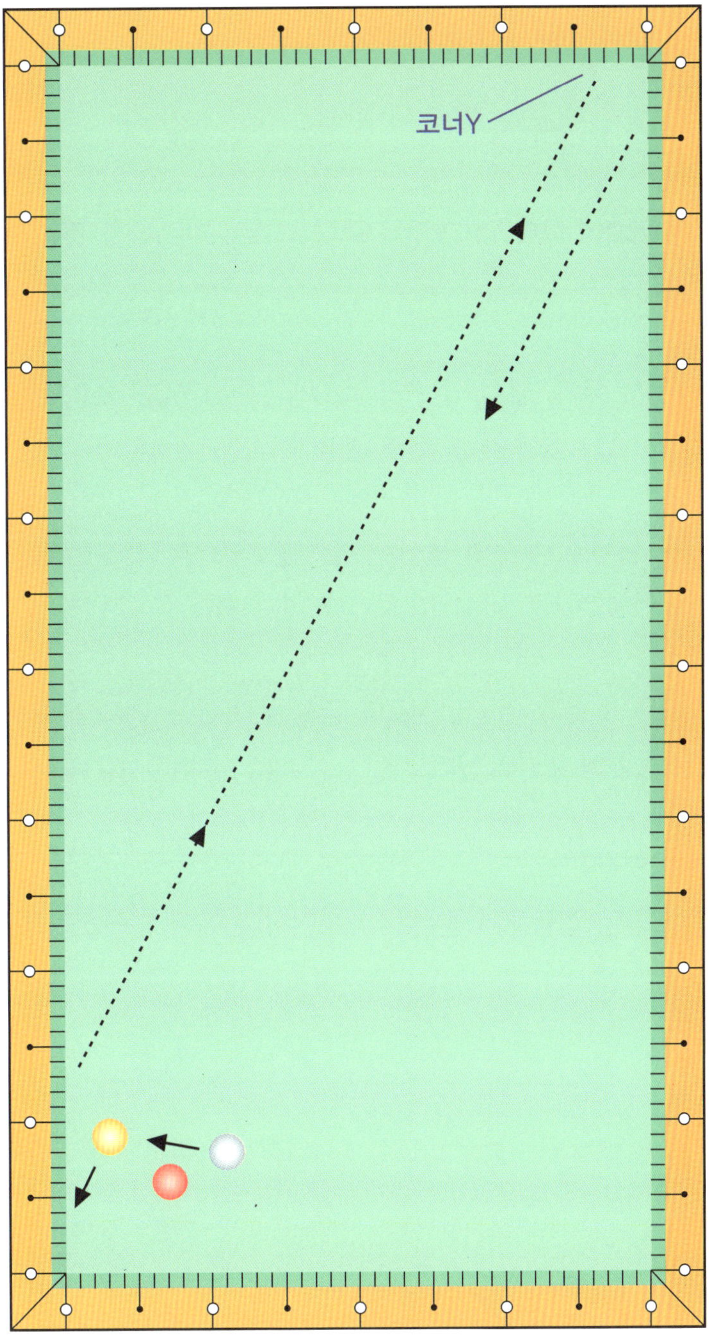

〈그림 215〉

SOME BASICS

간단한 쇼트앵글에서의 스트로크
Easy Short Angle Stroke

▶ 이 페이지에서는 간단한 쇼트앵글에서의 스트로크에 관해 소개할 것이다. 그립의 위치에 따라 업·다운·중립 스트로크로 나눌 것이며, 다른 모든 조건은 동일하다.

▶ 선수들은 두께, 당점, 수구의 속도에 관한 다양한 초이스에 직면할 것인데, 몇 가지 기준을 정한 후에 샷을 해야 한다.

▶ 1적구의 두께, 수구의 당점, 속도, 팔로-스루 정도, 큐의 입사각 등의 조건을 모두 결정했다면, 마지막으로 그립의 위치를 꼭 확인하라.

▶ 이 모든 조건이 수구의 진로에 영향을 미치며, 이제 선수들은 조금 더 안정적으로 득점에 성공할 수 있다.

▶ 위의 내용은 **기본적으로 갖추어야 될 사항**으로, 앞에서 설명하지 않은 것들이다. 조금만 집중해서 훈련하다 보면 실전에서 자연스럽게 소화할 수 있을 것이다.

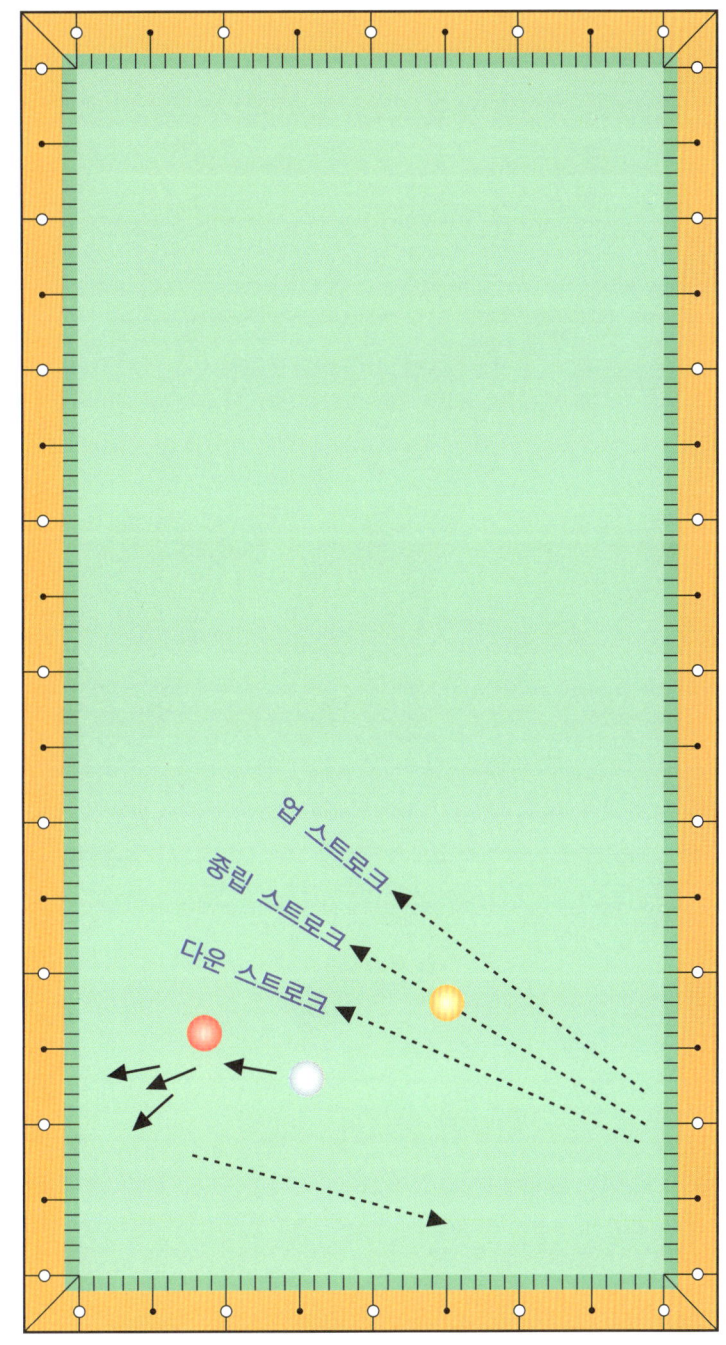

〈그림 216〉

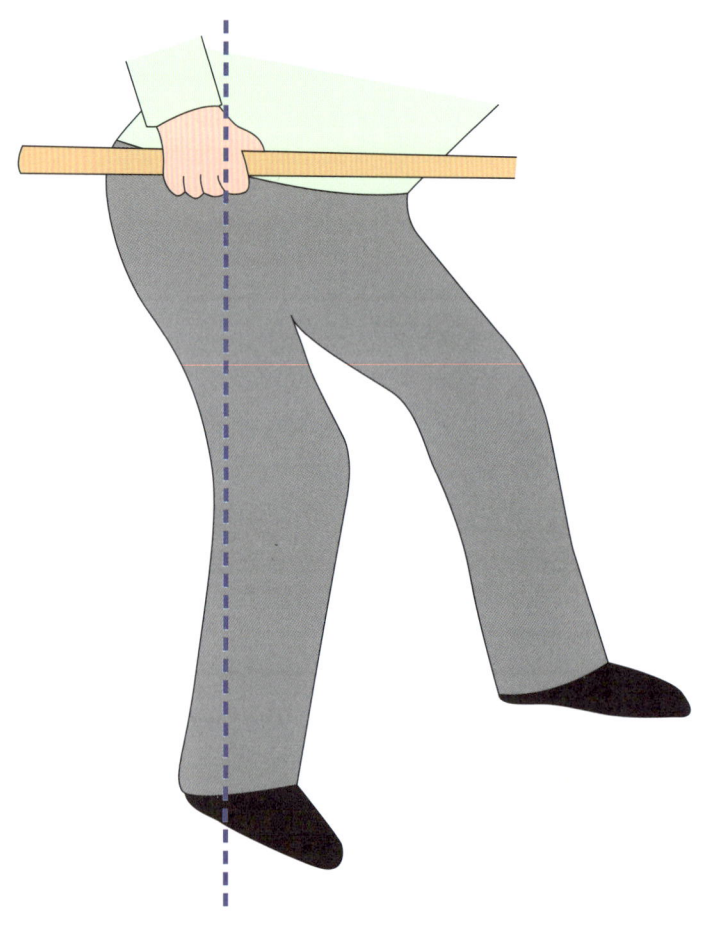

뒷발의 위치와 자세

〈그림 217〉

그립을 쥔 손
Back Hand

▶ 필자가 빌 말로니(Bill Maloney) 선수에게 그립을 쥔 손과 손목을 사용하는 기초적 원리에 대해 물었을 때, 그는 "단순히 일반화하긴 싫지만"이라고 운을 떼며 다음과 같이 정리했다.

1. 그립을 풀어줄 경우 수구와 1적구와의 분리각은 늘어나며, 수구는 더 많이 굴러갈 것이다.
2. 그립을 꽉 쥘 경우 수구와 1적구와의 분리각은 좁아지며, 수구는 다소 덜 굴러갈 것이다.
3. 손목을 많이 사용할 경우 수구의 움직임은 커지게 되고, 많은 회전이 요구되는 샷이나 과도한 끌어치기, 밀어치기 샷에 적용할 수 있다.
4. 손목 사용을 절제할 경우 수구의 움직임은 적어지고, 쇼트앵글 샷이나 데드볼 샷, 그리고 대부분의 일반적인 샷에 적용할 수 있다.

▶ 세계 정상급 선수들은 그립을 쥔 손과 손목, 팔뚝을 통해서 필요한 힘을 모두 조달한다. 팔꿈치 위로는 거의 움직이지 않으며 특히 겨드랑이 부분은 철저히 고정되어 있다.

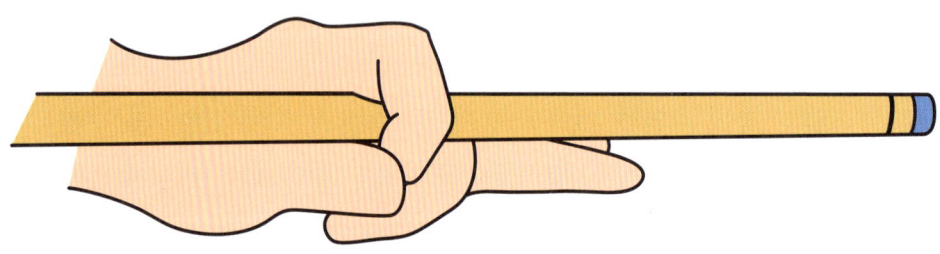

낮은 브리지, 큐의 평행

〈그림 218〉

숨막힘
Choking

▶ 결정구 상황에서 선수들은 긴장한 나머지 숨이 막혀 버리는 경향이 있다. 이는 정신력의 문제로써 쉽게 가시지 않을 뿐더러 선수들의 정신력을 흐트러뜨린다.

▶ 이런 정신 상태에서 나타나는 특징은,
   1. 팔로-스루 스트로크가 필요한 상황에서 큐가 중간에 멈춰 버린다.
   2. 짧게 치는 샷만 초이스하며 스윙이 자유롭지 못하다.

▶ **조지 애스비** 선수는 이처럼 안절부절하지 못하는 정신상태에서 벗어나기 위해서는 기술적인 전환이 필요하다고 주장한다. 즉 의도적으로 업 스트로크나 잽 스트로크(끊어치기)를 사용해 보는 것이다. 새로운 수구의 진로에 모든 집중력을 쏟아 붓고, 큐를 비틀지 않도록 유의하라.

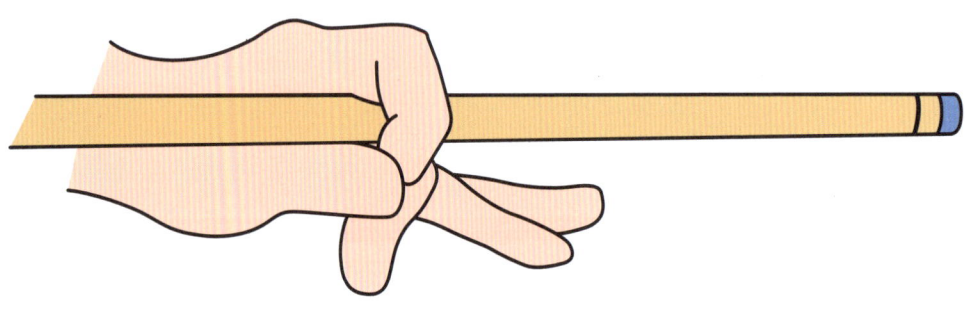

높은 브리지, 큐의 평행

〈그림 219〉

리듬
Rhythm

▶ 리듬은 수구를 타격하기 직전에 큐를 풀어 주는 워밍업 역할을 한다. 어떤 선수들은 수구를 타격하기 직전에 리듬이 끊기기도 하고, 아예 이 과정을 생략해 버리기도 한다. 이는 부적절한 스트로크의 특징이다.

— 레이몽드 클르망(Raymond Ceulemans)*

▶ 선수는 리듬을 조절하는 방법을 습득해야 한다. 하지만 많은 선수들이 이를 간과하고 있는 듯하다. 선수 자신만의 리듬을 조절하기 위해선 스트로크할 때까지의 시간을 일정하게 유지하는 것이 중요하다. 정상급 선수들 대부분은 이 사실을 알고 있지만, 교본에 나와 있지는 않다.

— 해리 심스(Harry Sims)**

▶ 포켓볼에서 시각 다음으로 중요한 요소가 바로 리듬이다. 너무 서두르지도, 너무 꾸물대지도 마라. 편안한 페이스를 찾아 유지하라. 하룻밤 사이에 당신의 경기 운영 능력은 몰라보게 달라져 있을 것이다.

— 조지 펠스(George Fels)***

※ 208~209쪽에도 관련된 내용을 소개하고 있다.
 * 레이몽드 클르망 저, 『마스터 100』 42쪽
 ** 댄 시갈(Dan Segal)의 동영상 中
 *** 『빌리어드 다이제스트』 1991년 2월호 36쪽

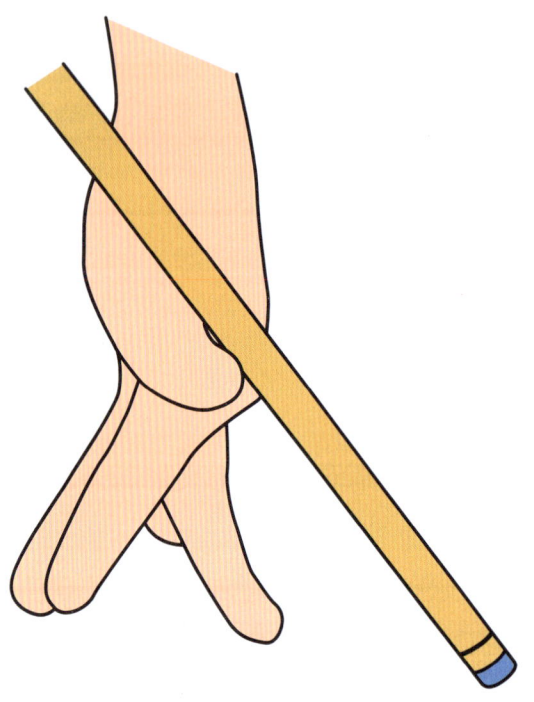

공 위에서 내리찍을 때의 브리지

〈그림 220〉

고수들의 조언
Words From Above

이상천 선수에게 어떻게 하면
당구를 그렇게 잘 칠 수 있냐고 물었다.
그는 이렇게 대답했다.
"매일 배우고 연습하기를 반복했습니다."

– 이상천 –

Billiard ATLAS

Billiard ATLAS Chapter 3

반(半)회전 샷
Semi-Spin Shots

이 장에서는 리버스 시스템을 소개하고 있는데, 경기 중 이 시스템을 사용하면 상대방은 탄복할 것이다. 또한 이 시스템을 한번 터득하고 나면 그 정확성에 독자 여러분도 놀랄 것이다.

단축 원쿠션 걸어치기 시스템은 매우 간단할 뿐더러, 실전에서 성공시키면 프로 선수처럼 보일 것이다.

롱앵글 반회전 샷은 필자가 가장 좋아하는 샷 중 하나로, 실전에서 자주 등장하며 상당한 보탬이 된다.

3.6 시스템은 같은 배열의 공을 쉽게 풀어낼 수 있도록 도와준다. 독자 여러분도 이 시스템을 즐겨 사용했으면 좋겠다.

- 리버스 시스템
- 리버스 시스템 트랙의 응용
- 롱앵글에서 반회전
- 3.6 시스템-쿠션 수
- 겨냥점 전환
- 리버스 시스템의 트랙
- 단축 원쿠션 걸어치기
- 맥시멈 당점의 트랙
- 3.6 시스템의 예 2
- 장축 사이에서 3.6 시스템

리버스 시스템
A Reverse English Path

▶ 필자는 시카고 코코아 해변(Cocoa Beach)을 떠나 비행기로 여행하는 도중에 이 시스템을 접했다. 모두가 트랙A에 대해서는 숙지하고 있으며, 수구가 코너 부근에 있을 때 한번씩 시도해 봤을 것이다. 하지만 수구의 위치가 좋지 않은 상황에서 이 시스템을 사용하는 선수는 거의 보지 못했다.

▶ 수구는 2쿠션에 맞은 후에도 회전이 살아 있어야 한다. 역회전을 많이 주고 부드럽게 밀어쳐야만 회전이 끝까지 살아 4쿠션에 도달할 수 있다.

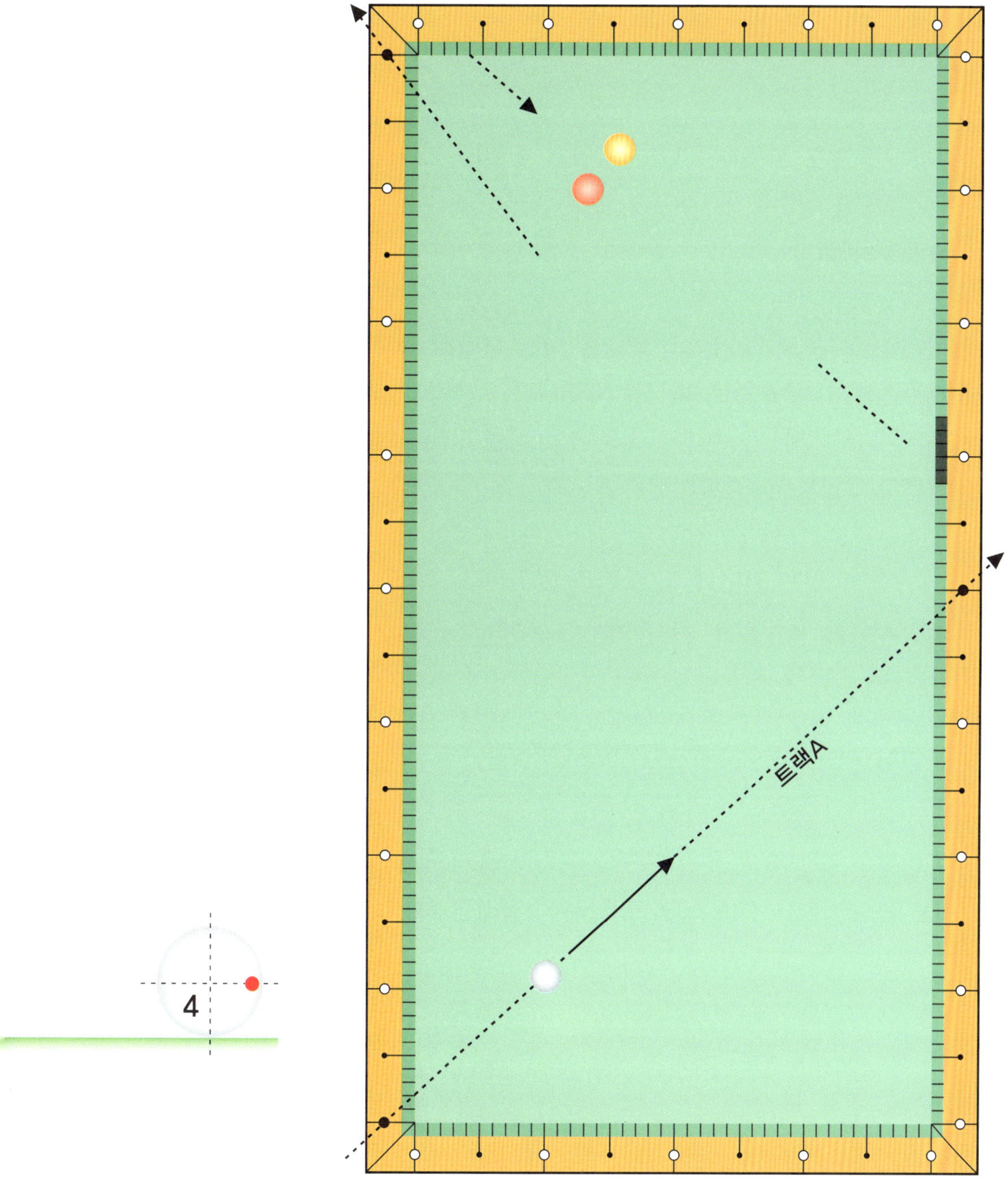

〈그림 221〉

SEMI-SPIN SHOTS

리버스 시스템의 트랙
Reverse English Paths

▶ 앞장에서 언급했듯 트랙A는 널리 알려져 있었다. 여기에 필자는 코너X로 향하는 트랙E를 발견했다. 수구의 속도, 당점, 스트로크, 큐의 평행, 당점 모두 표준화하였다.

▶ 이제 문제는 트랙A와 E 사이의 비율을 나눠 나머지 트랙을 찾는 것이었다. 대략 M쿠션에서 1.5포인트 움직일 때마다 N쿠션에서는 1포인트씩 움직인다. 필자의 당구대에서는 정확히 1.5 : 1의 비율이 아니었으며, 약간의 조정이 필요했다(그림을 참조하라).

▶ 3쿠션-4쿠션을 잇는 선은 장비에 따라 달라진다. 여러분 각자의 당구대에서 4쿠션 지점을 파악한 후 암기하라.

▶ 만약 여러분의 당구대나 공의 상태가 좋지 않을 경우 시스템을 적용하는 데 어려움을 겪을 것이다. 가급적 새 공을 사용하라.

▶ 정말 간단한 시스템이 아닌가? 수구의 위치가 좋지 않을 때 리버스 시스템을 사용하는 선수가 없는 걸로 보아, 아직 널리 알려진 시스템은 아닌 듯하다.

※ 1쿠션으로 향할 때 수구의 커브를 면밀히 체크해 보고, 이에 따라 2쿠션 지점에서 생기는 오차를 확인하라. 필자는 주로 맥시멈 옆회전(약간 상단)을 주고 스트로크한다.

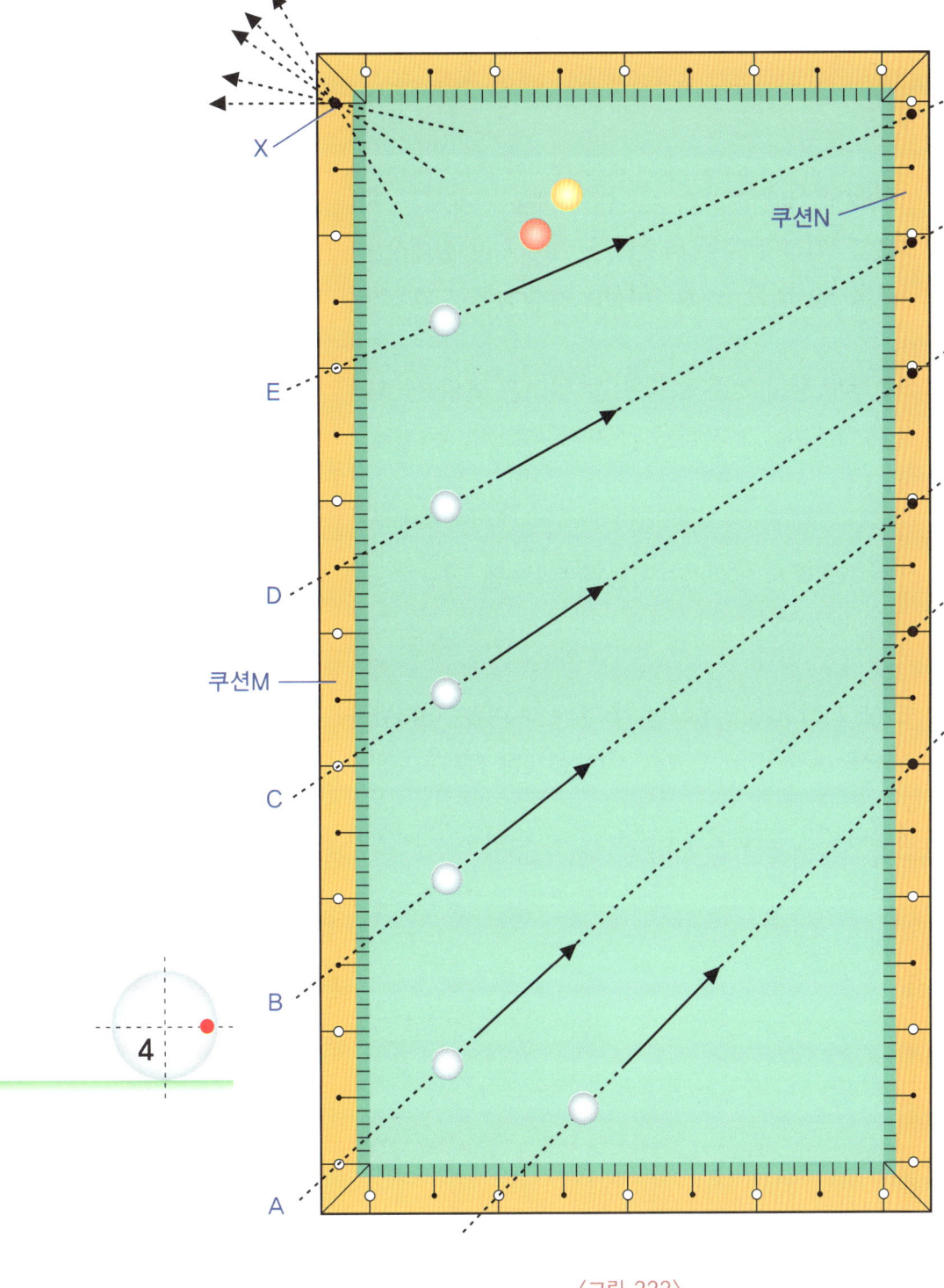

〈그림 222〉

SEMI-SPIN SHOTS

리버스 시스템 트랙의 응용
Using Reverse English Tracks

▶ 이 페이지에서는 리버스 시스템 트랙을 응용하는 세 가지 방법에 대해 소개하겠다. 각각의 예는 비슷한 듯 보이지만 실제로는 다르다. 세 가지 경우 모두 1적구를 맞고 난 후 1쿠션으로 향하면서 역회전이 적용된다.

▶ 리버스 시스템의 기준 트랙은 잘 알려진 벽의 한 지점 테크닉과 더불어 사용될 수 있으며, 그 지점은 당구대로부터 약 2.1미터(7피트) 정도 떨어진 곳이 된다.

▶ 오른쪽 그림에서 벽의 한 지점은 트랙A를 당구대 너머 7피트 정도 연장시킨 곳에 위치한다.

▶ 벽의 한 지점이 정해졌다면, 수구가 1적구를 맞히고 난 후 그 지점을 향할 수 있도록 조준하라. 그리고 새로 설정된 1쿠션 지점을 주시하라.

▶ 수구의 속도에 따라 조정이 필요할 것이다.

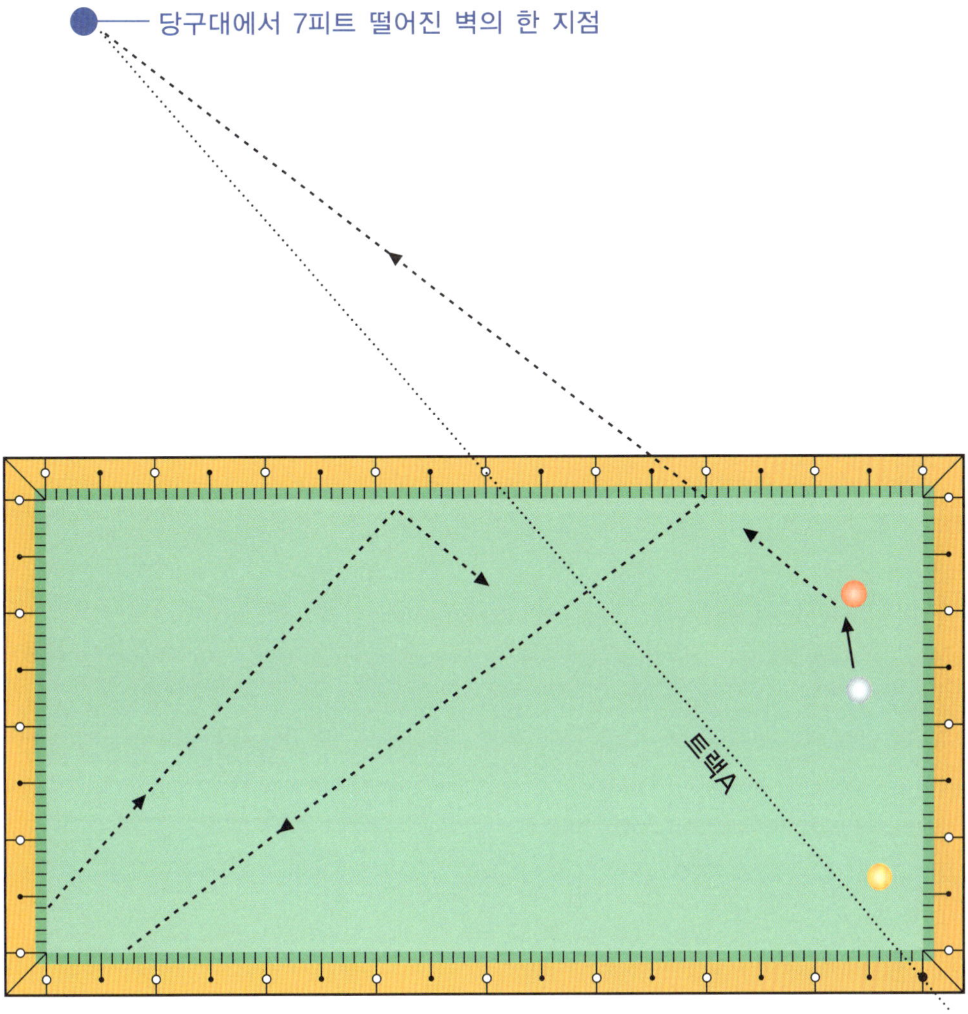

당구대에서 7피트 떨어진 벽의 한 지점

〈그림 223〉

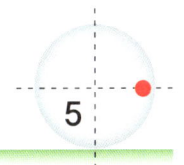

SEMI-SPIN SHOTS

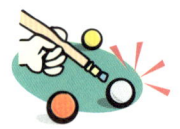

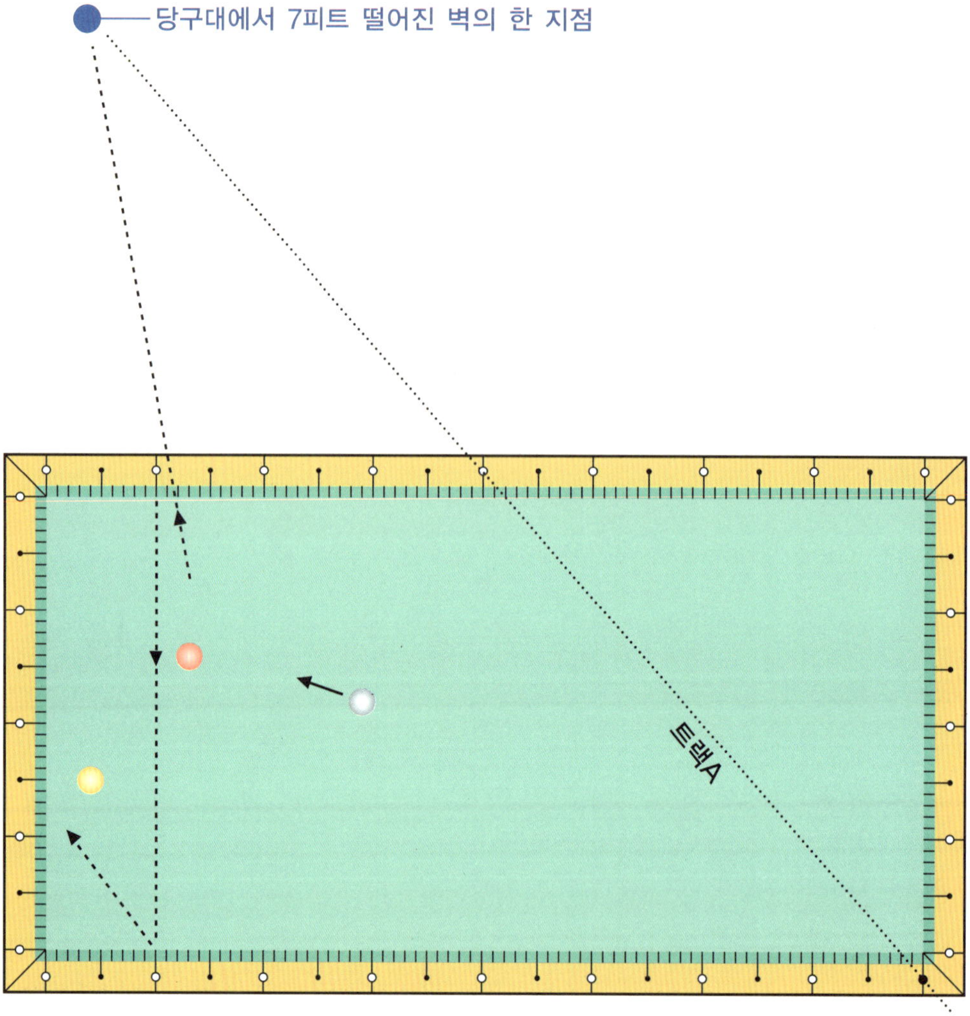
당구대에서 7피트 떨어진 벽의 한 지점
트랙A

〈그림 224〉

4

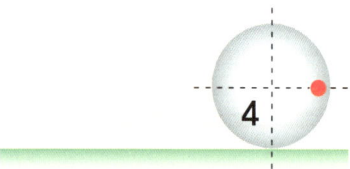

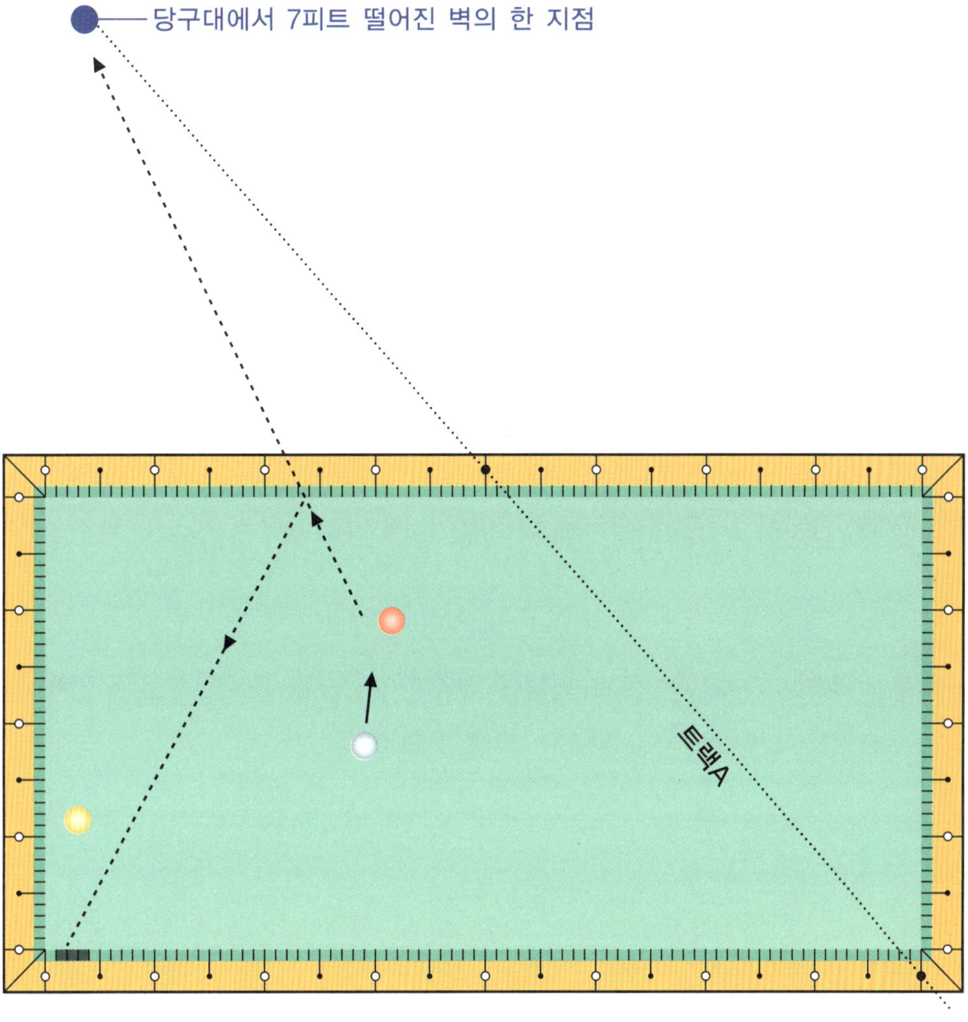

당구대에서 7피트 떨어진 벽의 한 지점

〈그림 225〉

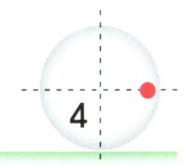

SEMI-SPIN SHOTS 65

단축 원쿠션 걸어치기
End Rail First Track

▶ 원쿠션 걸어치기의 진행 방향은 어느 정도 예측 가능하다.

▶ 스트로크, 당점, 1적구의 두께, 스피드 모두 표준화되어 있다.

▶ 필자는 과거에 3쿠션 지점으로 2.5포인트를 이용했는데, 이는 1적구의 위치에 따라 차이가 난다(〈그림 226〉 참조).

▶ 트랙A와 B에서 1적구의 위치는 다르며, 이에 따라 3쿠션 지점도 약간 차이가 난다.

▶ 원쿠션 걸어치기에서는 큐의 평행을 유지한 채 팔로 스트로크로 두껍게 밀어치는 편이 낫다. 수구의 회전을 최대한 살려라.

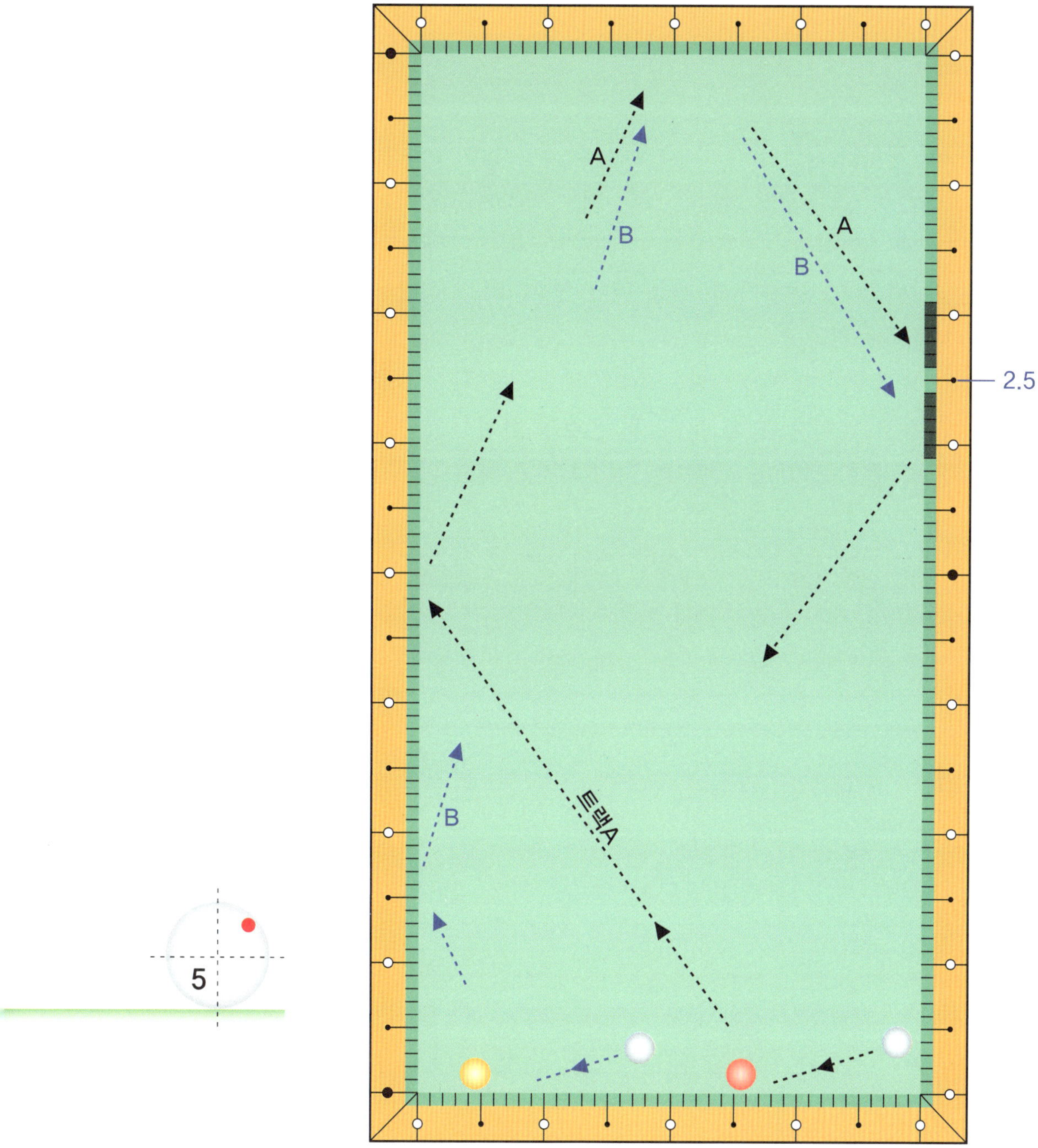

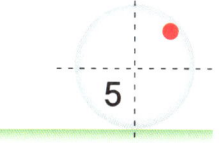

〈그림 226〉

SEMI-SPIN SHOTS

롱앵글에서 반회전
Long Angle Semi-Spin

▶ 수구에 맥시멈 당점을 적용하여 맥시멈 각을 뽑아내 득점할 때 짜릿한 희열을 느낄 수 있다. 뿐만 아니라 샷이 매우 화려해 보인다.

▶ 리차드 비탈리스 선수가 이 샷을 매우 선호하며, 이상천 선수도 맥시멈 당점을 자주 적용한다.

▶ 〈그림 227〉에서는 A, B 두 가지 진로를 보여주고 있다. 트랙A는 맥시멈 당점을 적용한 것이고, 트랙B는 당점을 조금 빼고 입사각을 줄인 것이다.

▶ 다음 페이지에서는 맥시멈 당점을 보다 정확히 적용할 수 있는 방법에 대해 소개하겠다.

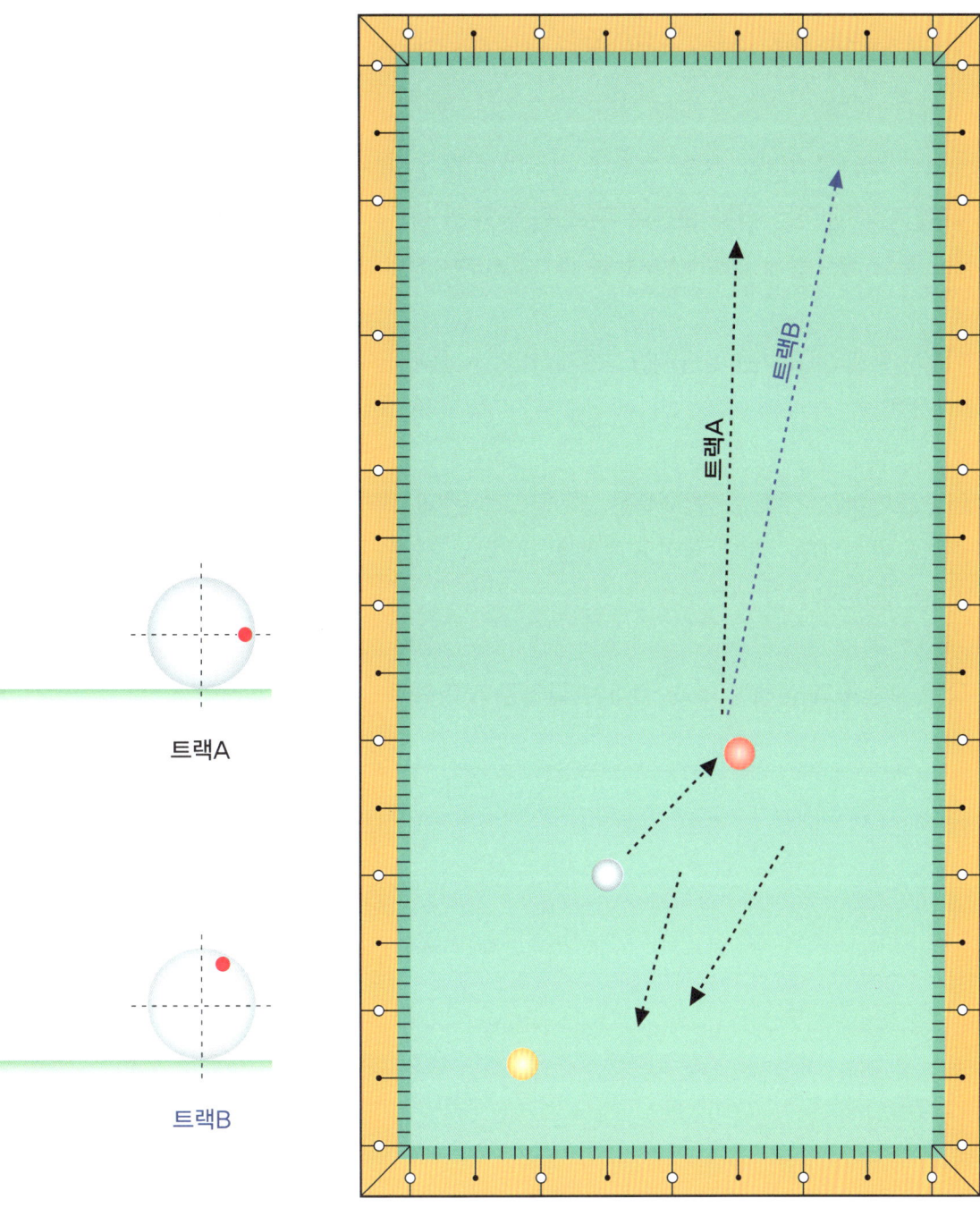

〈그림 227〉

맥시멈 당점의 트랙
Maximum English Tracks

▶ "포인트를 향해" 겨냥할 경우, 단축과 단축 사이를 오가는 수구의 변화폭은 총 4포인트가 된다는 것을 오른쪽 두 그림을 통해 알 수 있다. 이는 맥시멈 당점을 주고 부드럽게 팔로-스루했을 때 나타나는 진로이다.

▶ 변화폭이 2.8에 그치는 당구대도 존재하니, 사전에 당구대를 꼭 체크해 보기 바란다.

▶ 어떻게 조합하던 간에 총 변화폭은 4포인트가 된다. 즉 반대편 4포인트를 겨냥했을 때는 0을 향해 돌아오고〈그림 228A〉, 2포인트를 겨냥할 경우 제자리로 돌아온다〈그림 228B〉.

▶ 각 당구대나 공의 상태에 따라 결과가 달라질 것이므로 알맞게 **조정**하라.

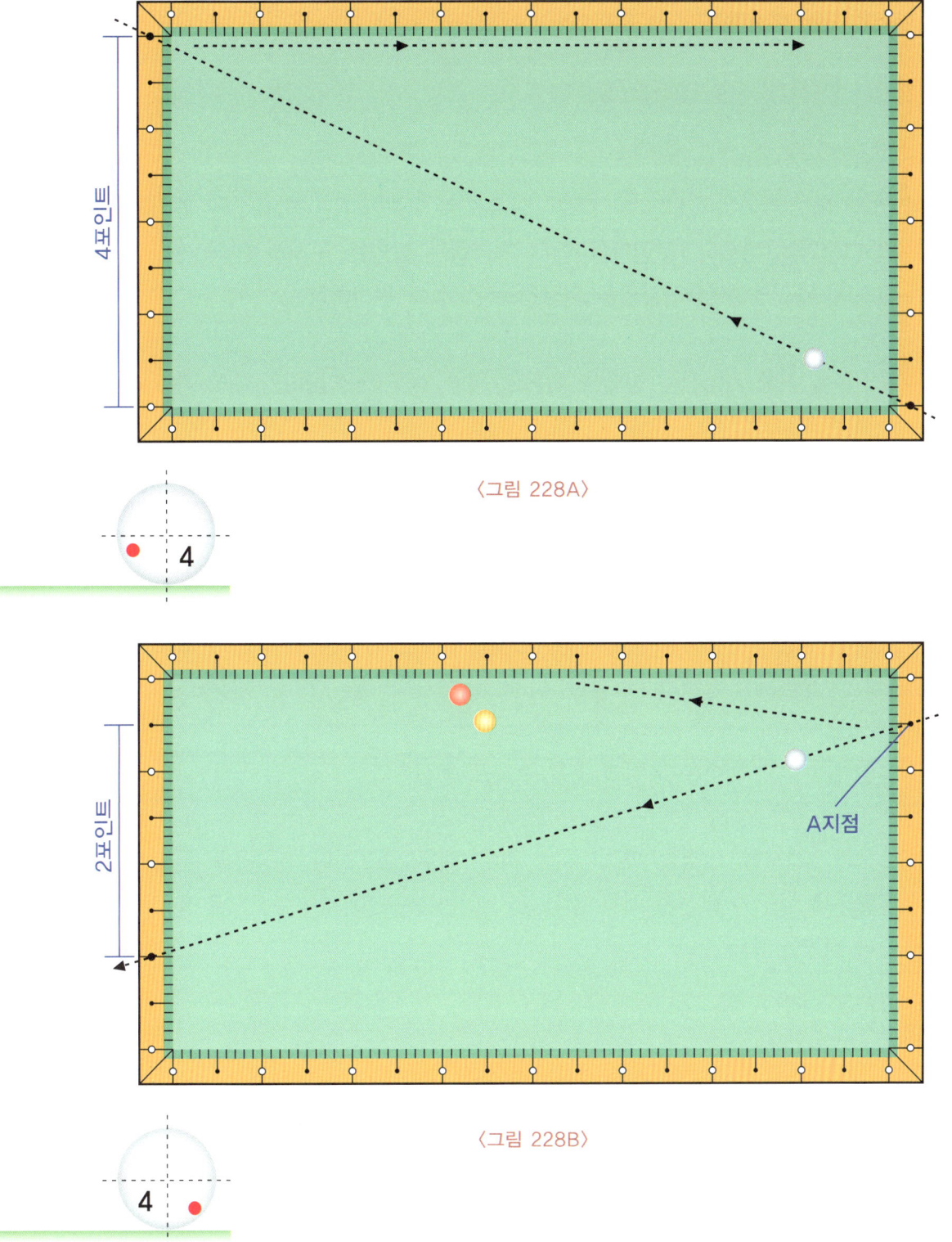

〈그림 228A〉

〈그림 228B〉

SEMI-SPIN SHOTS

3.6 시스템-쿠션 수
Rail Point Numbers

▶ 〈그림 229〉는 수구가 단축-장축-단축으로 진행한다는 점에서 앞 페이지의 그림과는 다르다. 포인트를 향해 겨냥하는 방법은 오히려 번거로울 수 있으며, 차라리 쿠션의 칼끝을 겨냥하는 것이 더 편리하다.

▶ 포인트를 향해 겨냥하는 방법을 적용할 경우, 득점에 성공하기 위해서는 총 4포인트가 사용된다.

▶ 하지만 칼끝을 겨냥할 경우 4포인트가 아닌 3.6포인트가 사용된다. 확대된 그림은 수구가 부딪히는 칼끝 부분을 나타낸다.

▶ 오른쪽 그림의 샷은 앞 페이지의 내용(맥시멈 당점의 변화폭)과 같으므로 더이상 설명하지 않겠다.

▶ 실전에서 이와 비슷한 배열의 공은 수시로 등장한다.

▶ 수구가 1적구를 타격할 때 이루는 각은 매우 중요하다. 1적구를 두껍게 맞출수록 수구의 회전은 더욱 많아지고, 이는 3쿠션에서 4쿠션으로 향하는 각에 영향을 준다.

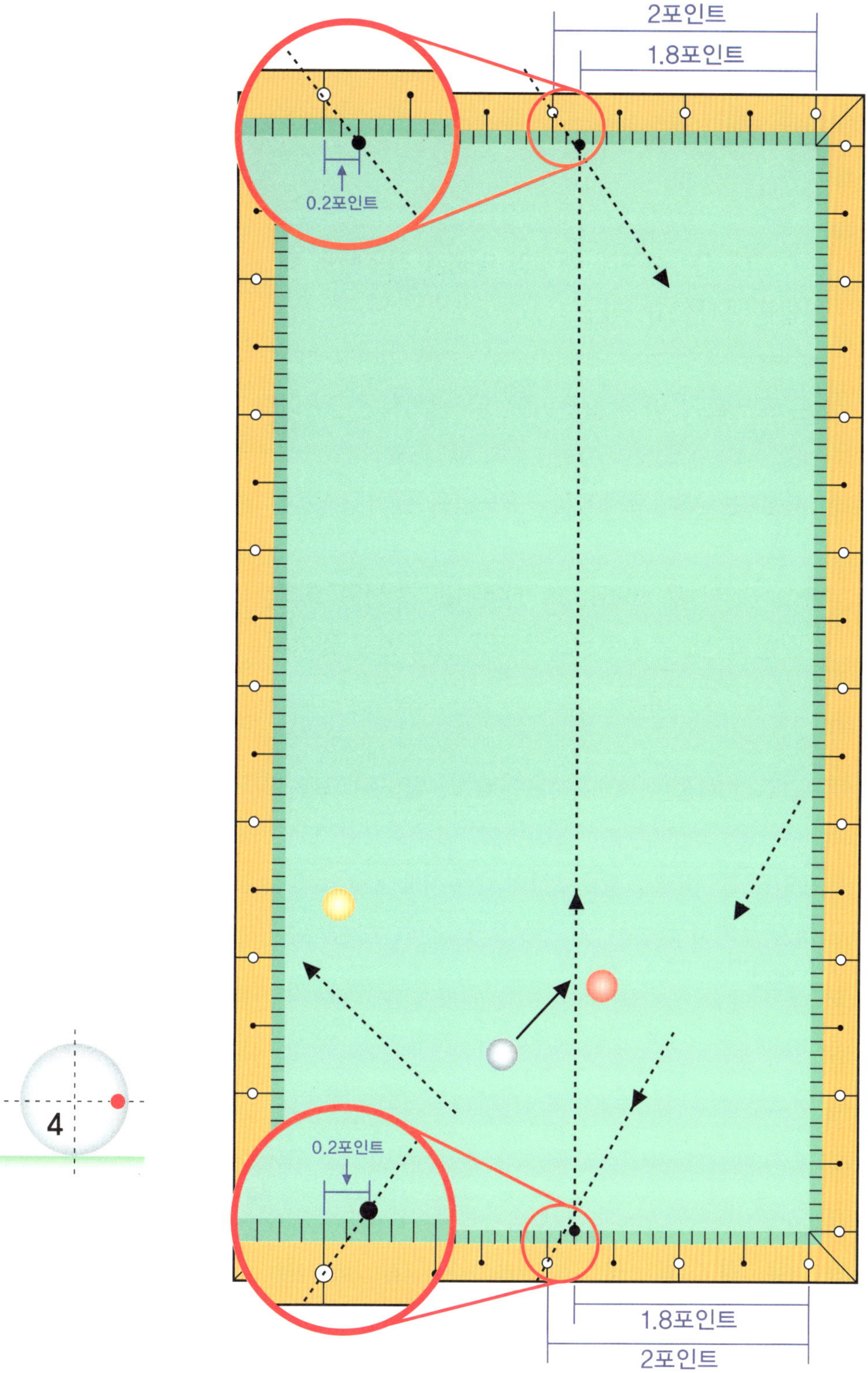

〈그림 229〉

SEMI-SPIN SHOTS

3.6 시스템의 예 2
3.6 Example 2

▶ 〈그림 230〉에서는 수구에 맥시멈 당점을 적용했을 때 3쿠션 지점V를 계산하는 방법을 소개하고 있다.

▶ 겨냥점은 포인트가 아닌 칼끝이며, 총 변화폭은 3.6이다.

▶ 3쿠션 지점V는 N축 코너에서 2.8포인트 떨어져 있다.

▶ 1적구에서 O쿠션을 바라보며, N쿠션과 평행을 이루는 가시선을 그어라. O쿠션 칼끝의 점Y는 N쿠션으로부터 1.8포인트 떨어져 있으며, X와 합해져 총 변화폭 3.6을 이룬다.

▶ 하지만 3쿠션 지점은 X에서 1포인트 더 떨어진 V가 되어야 한다.

▶ 이 '1포인트'를 반으로 나눈 값이 O쿠션에서의 조정값이 된다. 따라서 1쿠션 지점을 Y에서 N쿠션 쪽으로 0.5포인트 이동시켜라. Z가 새로운 1쿠션 지점이 된다.

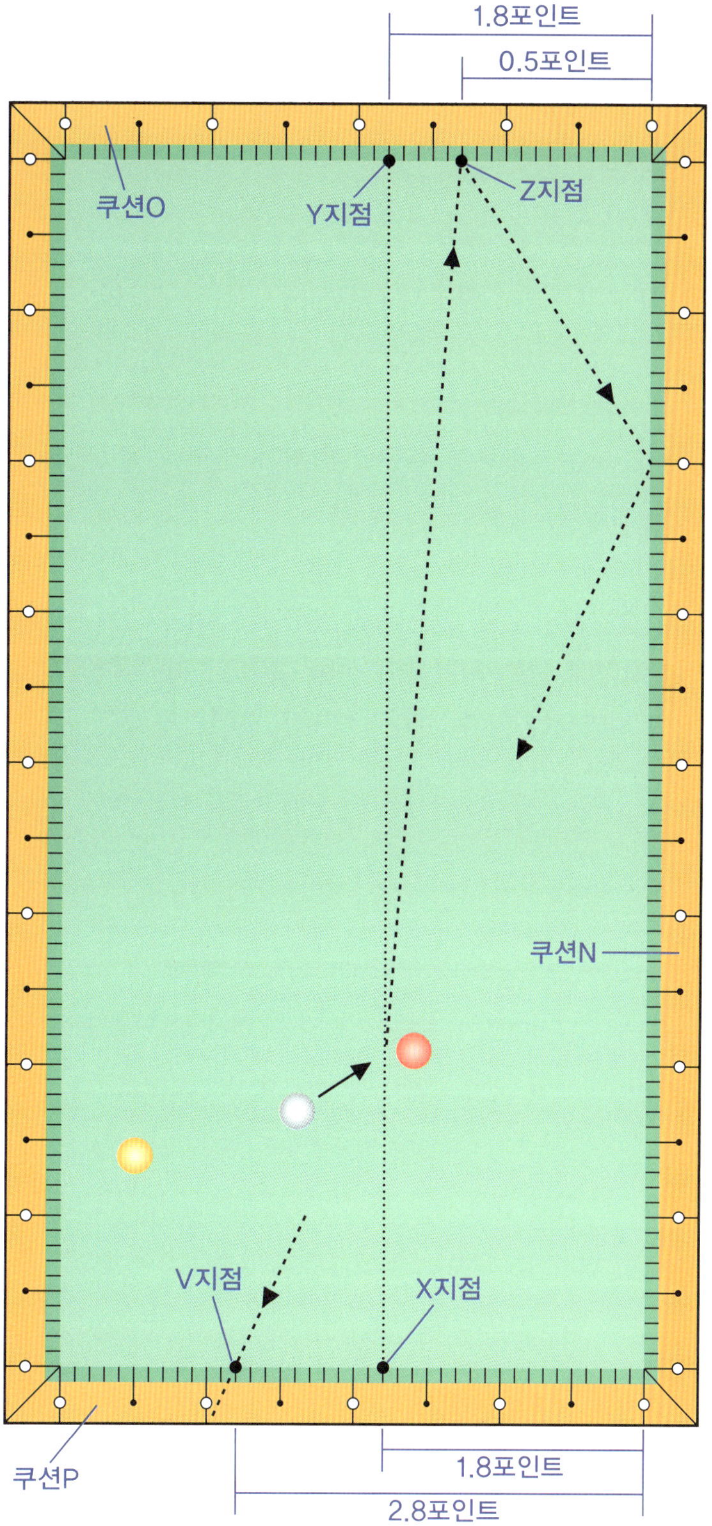

〈그림 230〉

SEMI-SPIN SHOTS

겨냥점 전환
Aim Change

▶ 1적구가 P쿠션에서 떨어져 O쿠션에 가까이 위치할 경우 계산법은 조금 달라진다.

▶ 〈그림 231〉은 1적구와 수구의 위치가 바뀐 것을 제외하곤 앞 페이지의 내용과 동일하다.

▶ X에서 출발하여 Z를 관통하고 당구대 너머 7피트(2.1미터) 정도 떨어진 벽의 한 지점에 이르는 가상의 선을 그어라. 이 지점이 바로 1적구를 맞춘 후 수구의 겨냥점이 된다. 1쿠션 지점을 확인하라.

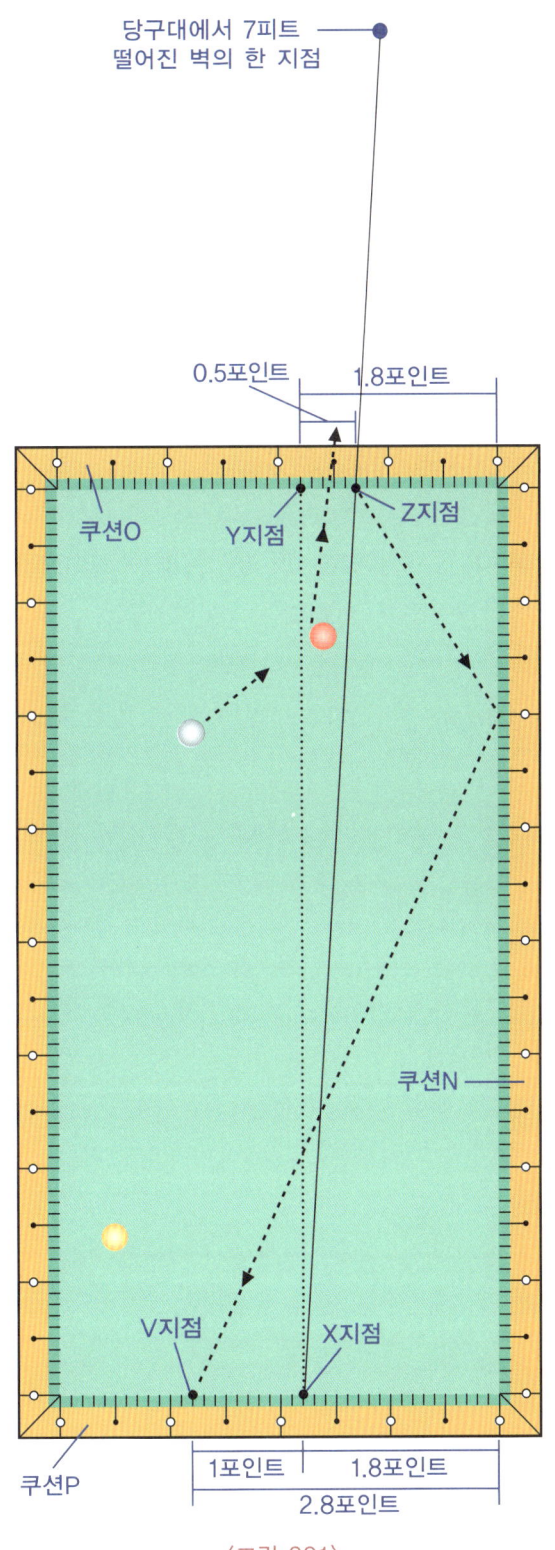
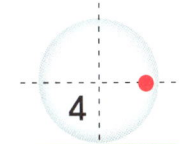

〈그림 231〉

SEMI-SPIN SHOTS

장축 사이에서 3.6 시스템
3.6 The Short Way

▶ 3.6 시스템은 장축 사이에서도 그대로 사용할 수 있다. 단 쿠션 수는 1/2이 된다.

▶ 총 변화폭은 3.6이 아닌 1.8이 된다.

▶ 만일 여러분이 3쿠션에서 회전을 살려 X지점으로 수구를 보내고자 할 때 이 시스템은 긴요하게 쓰인다.

▶ 빌헬미나(Wilhelmina) 당구대를 사용할 경우 쿠션 수는 조금 달라진다.

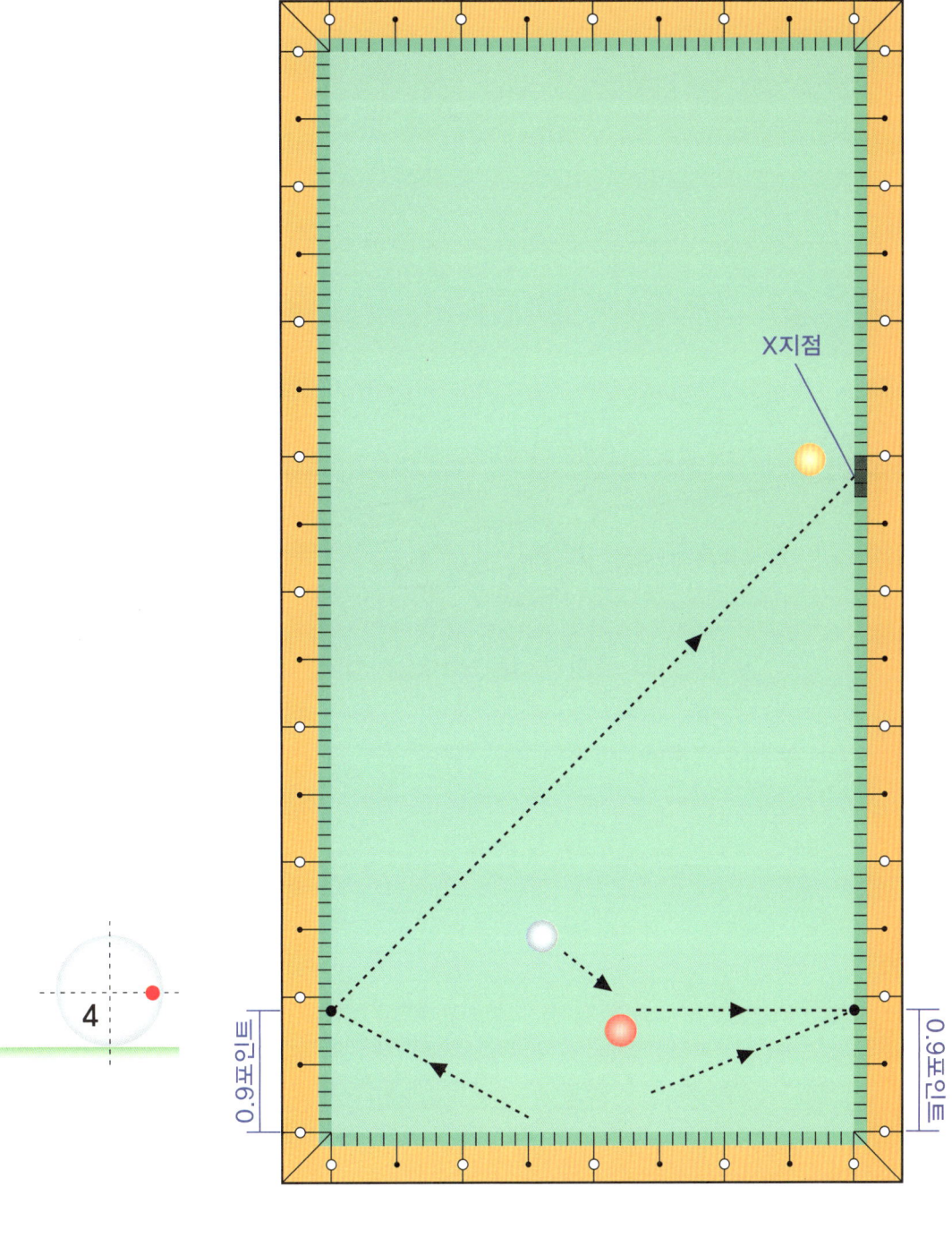

〈그림 232〉

SEMI-SPIN SHOTS

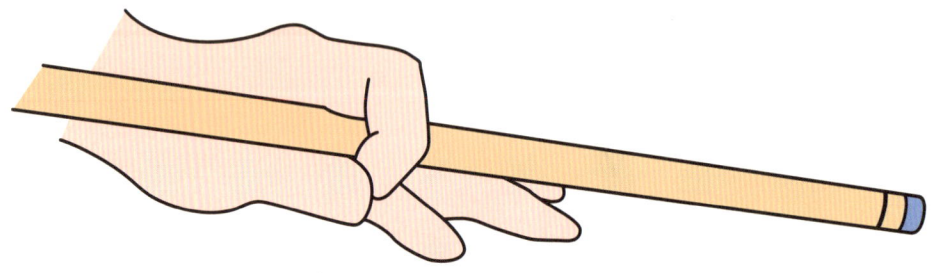

끌어치기의 브리지, 큐 뒷부분을 살짝 들어준다.

〈그림 233〉

고수들의 조언
Words From Above

내 모든 플레이는 시스템을 적용한 것이다.

- 해리 심스(Harry Sims) -
  - 미국 스리쿠션 챔피언
  - 1987년 세계 랭킹 4위
  - 미국 최고수
  - 4번의 세계대회에서 우승을 다툼

Billiard ATLAS Chapter 4

스트로크
More Basics The Stroke

스트로크의 변화는 팔로-스루 스트로크(와 그 작용)를 짧게 줄이는 것에서 시작합니다.
샷에 대한 새로운 접근법과 아이디어의 세계가 여러분 앞에 펼쳐질 것입니다.
이 장의 내용은 다소 어렵지만, 성실히 연습한다면 무시 못할 무기가 될 것입니다.
비법을 전수해 준 조지 애스비(George Ashby), 주니치 고모리(Junichi Komori), 프랭크 토레스 (Frank Torres) 선수에게 감사의 말을 전합니다.

- 팔로-스루 스트로크에 관하여
- 끊어치기 샷의 트랙
- 키스 피하기
- 고모리 선수의 테크닉
- 3단 더블쿠션
- 고모리 선수의 더블레일
- 토레스 선수의 샷
- 끊어치기 길게
- 끊어치기 더블쿠션

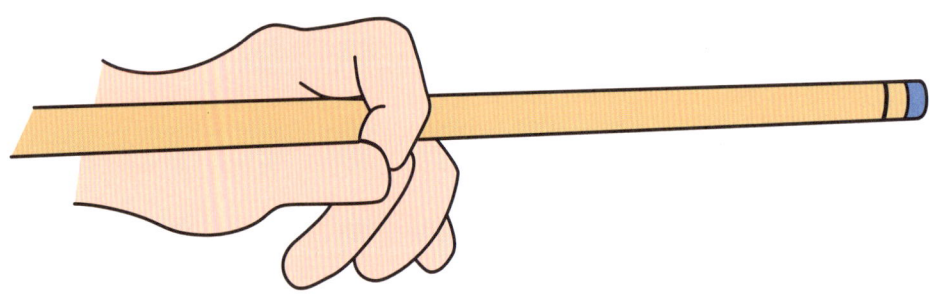

올려치기의 브리지, 큐 뒷부분을 살짝 낮춘다.

〈그림 234〉

팔로-스루 스트로크에 관하여

▶ **조지 애스비** 선수에게 팔로-스루 스트로크를 사용하지 않는 샷이 경기 중 몇 퍼센트나 되는지 물었다.

▶ "약 50% 정도입니다. 제가 처음 스리쿠션을 배울 때는 모든 샷을 팔로-스루시켰습니다. 하지만 대부분의 선수들이 기본을 익히지 못한 채 잘못된 스트로크를 구사하고 있습니다."

▶ 일반 동호인들은 세계 정상급 선수들이 큐를 어떻게 팔로-스루시키는지 알지 못한다. 하지만 선수들의 경기 동영상을 살펴본다면, 그들이 모든 팔로-스루 스트로크를 '압축'시켜 구사한다는 사실을 금방 발견할 수 있을 것이다.

▶ **이상천** 선수나 **고모리** 선수는 **브롬달** 선수보다 압축된 팔로-스루 스트로크를 더 자주 구사한다.

▶ 특히 **이상천** 선수는 채찍질하듯 손목에 스냅을 주는 5~6인치(13~15cm) 스트로크를 많이 구사하는데, 이 경우 수구의 회전력은 극대화된다.

고모리 선수의 더블레일
Komori's Reverse-The-Rail

▶ 필자에게 있어서 〈그림 235〉의 샷은 언제나 성공 확률이 낮았다. 샷이 항상 들쑥날쑥했다. 하지만 정상급 선수들은 별 어려움 없이 이 샷을 성공시키곤 한다.

▶ 주니치 고모리(Junichi Komori) 선수가 오른쪽 샷에 대해서 몇 가지 조언을 해 준 후로, 필자는 이 샷을 거의 놓치지 않는다. 고모리 선수는 맥시멈 당점을 주고 잽 스트로크(끊어치기)를 사용하는데, 다소 익숙치 않은 테크닉이다.

▶ 왜 맥시멈 당점을 적용하면서 툭 끊어치는 타법으로 회전을 다시 죽이는 걸까? 잽 스트로크를 사용하면 수구의 맥시멈 당점이 살지 못한다.

▶ 몇 번의 연습을 거듭하면 이 테크닉을 귀중하게 사용할 수 있고, 그 결과는 가히 환상적이다. 오른쪽 그림에서 1적구의 두께는 1/3이고 매우 부드럽게 쳐야 한다.

▶ 수구가 쿠션 위에 약간 떠있는 상태로 득점을 향해 달려갈 것이다.

〈그림 235〉

MORE BASICS THE STROKE

끊어치기 샷의 트랙
Jab Track

▶ 〈그림 236〉은 잽 스트로크를 적용했을 때 새로 바뀌는 수구의 진로를 나타낸다.

▶ A는 팔로-스루 스트로크를 했을 때의 트랙으로, 기존 시스템의 트랙과 동일하다. B는 빠르게 끊어 쳤을 때의 트랙으로, A선과 진로가 약간 다르다.

▶ 수구의 당점, 속도 등은 모두 표준화되어 있다.

▶ 이 샷에서는 당점이 매우 중요한데, 투팁이 적용되었다. 팁을 줄일수록 트랙은 짧아지며, 때로는 팁을 줄여야 할 경우도 있다.

▶ 투팁을 적용할 경우 트랙은 1포인트 정도 짧아지는데, 충분히 컨트롤할 수 있을 것이다.

▶ 이 테크닉을 연마하려면 많은 연습이 필요하며, 다음 페이지부터 소개할 내용 모두 이 테크닉의 연장선에 있다.

▶ 우연히도 프랑스에서는 이 샷을 le coup sec(마른 스트로크, dry stroke)라고 부른다. 팔로-스루의 효과를 최소화시켰기 때문이다.

▶ 입사각에 따라 큐의 뒷부분을 들어주기도 한다.

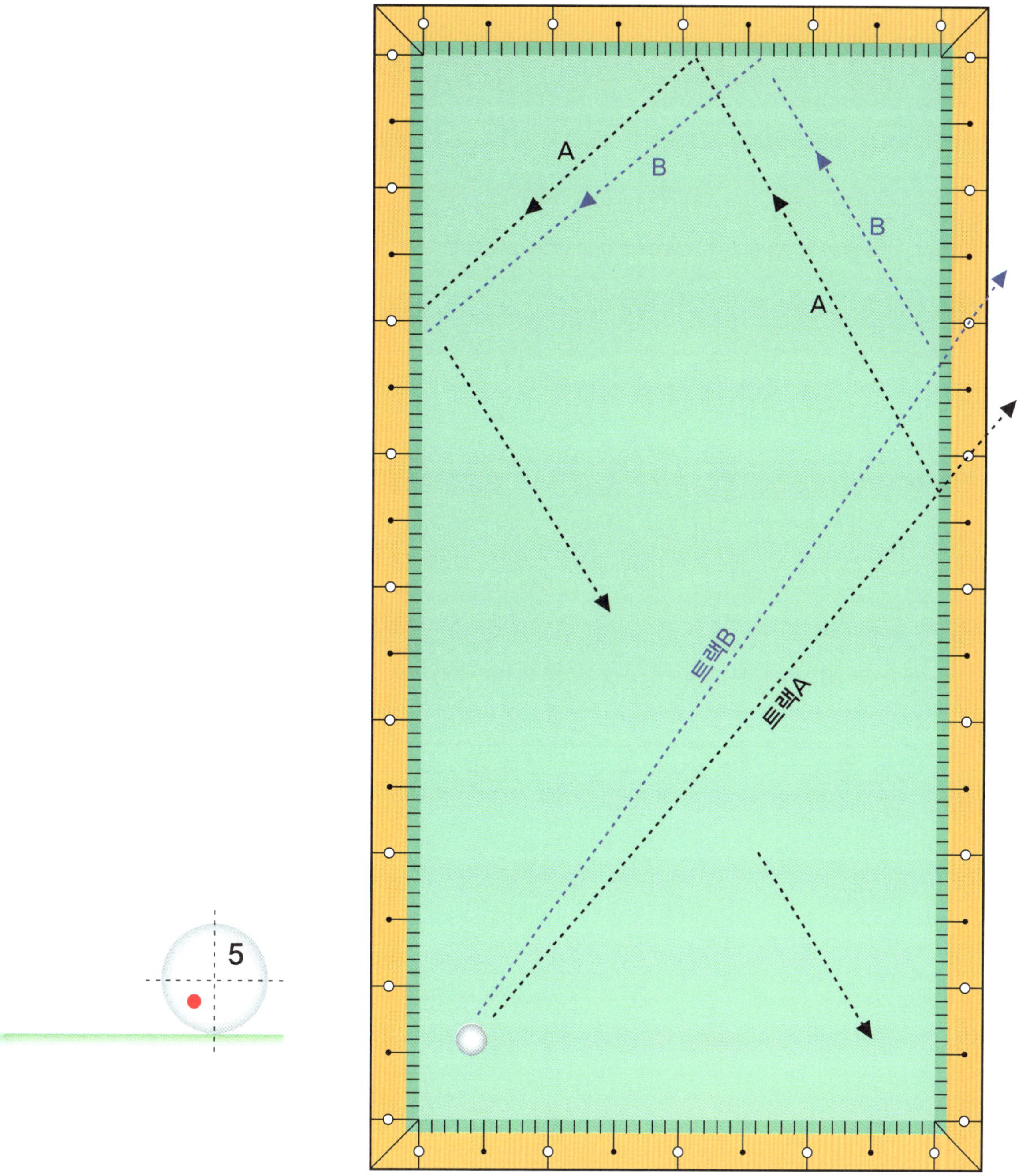

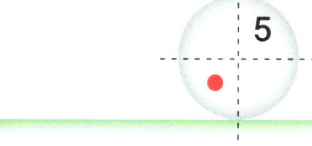

〈그림 236〉

MORE BASICS THE STROKE

토레스 선수의 샷
Frank is Frank

▶ 필자는 1992년 크리스마스 휴일에 라스베가스에서 프랭크 토레스(Frank Torres) 선수를 만나 스리쿠션에 대한 몇 가지 강의를 들었다. 그 내용은 『빌리어드 아틀라스 3권』에서 이어 소개할 것이며, 그의 친절한 강의가 필자에겐 그 해 크리스마스 선물이 되었다.

▶ <그림 237>은 그가 개발한 다양한 테크닉 중 하나인 끊어치기(jab) 샷이다.

▶ 물론 다른 초이스를 할 수도 있다. 두툼하게 끌어치거나, 또는 브리지를 높게 하고 수구의 상단을 때려 1쿠션에서 강하게 튕겨 나올 수 있도록 치는 방법도 있다. 하지만 끊어치기 샷이 훨씬 쉽다.

▶ 토레스 선수는 짧고 빠른 스트로크를 적용해 수구의 회전을 가급적 줄인다. 수구는 1적구와 부딪히고 나서 그림에 나와있는 '새로운 트랙'을 따라 이동한다. 연습을 통해 이 샷이 가져다주는 효과를 확인하라.

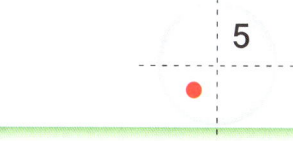

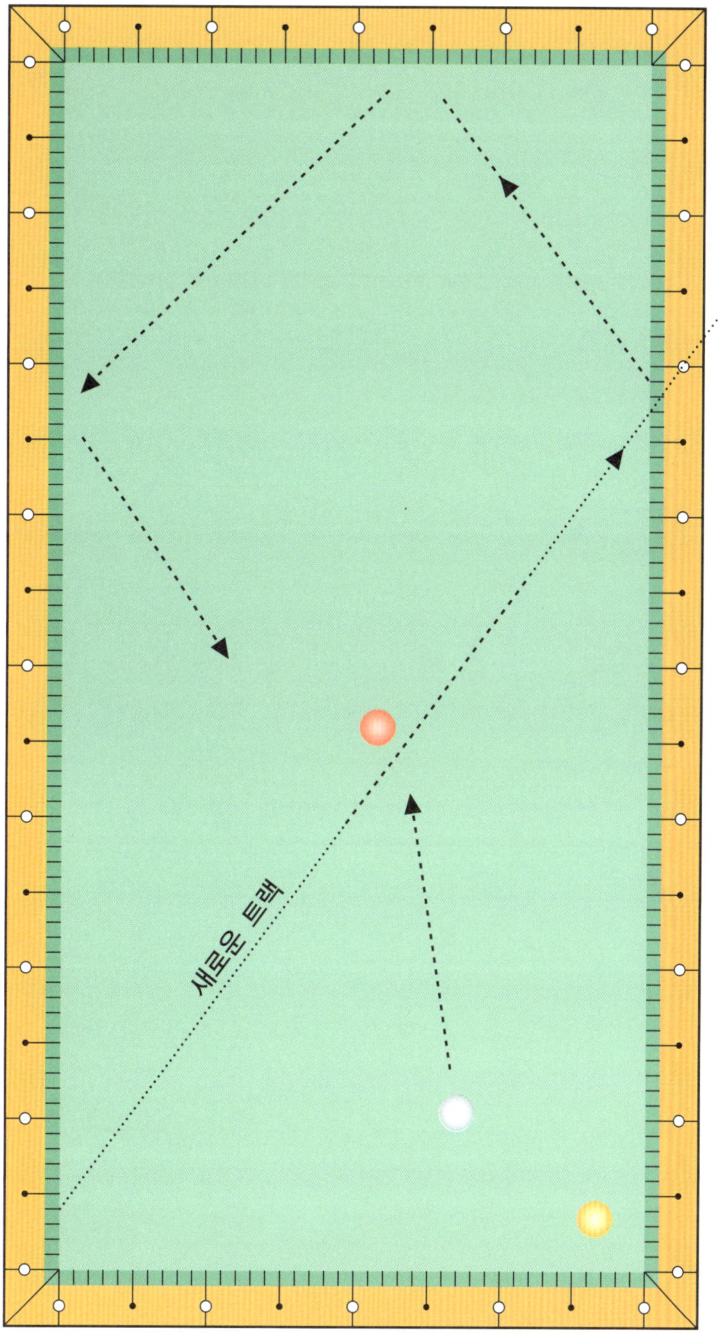

〈그림 237〉

MORE BASICS THE STROKE

키스 피하기
Frank Does Not Kiss

▶ **토레스** 선수의 끊어치기 타법을 사용하면 키스도 피할 수 있다.

▶ 수구의 진로와 1적구의 진로가 모두 바뀌기 때문에 복잡할 것이 하나도 없다(그림 참조).

▶ 물론 깊게 끌어치기나 파워 샷 같은 다른 초이스도 존재하지만, 끊어치기 샷이 최상의 초이스인 듯하다. 당신의 무기 창고에 또다른 무기 하나가 비축된 셈이다.

▶ 세계 정상급 선수들은 늘 이 초이스를 사용한다.

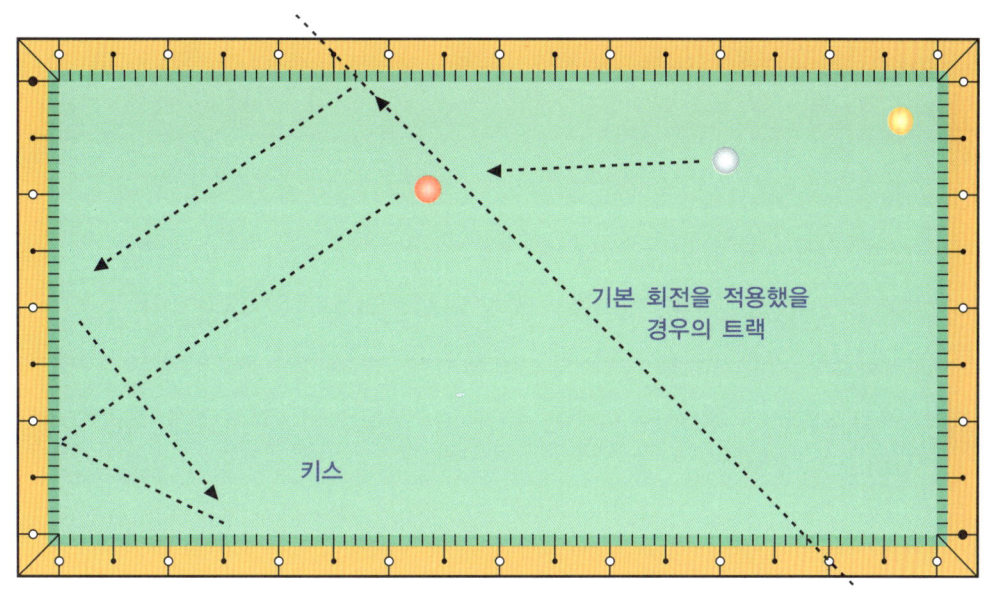

〈그림 238A〉

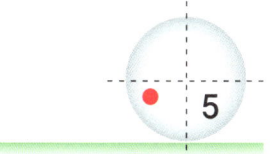

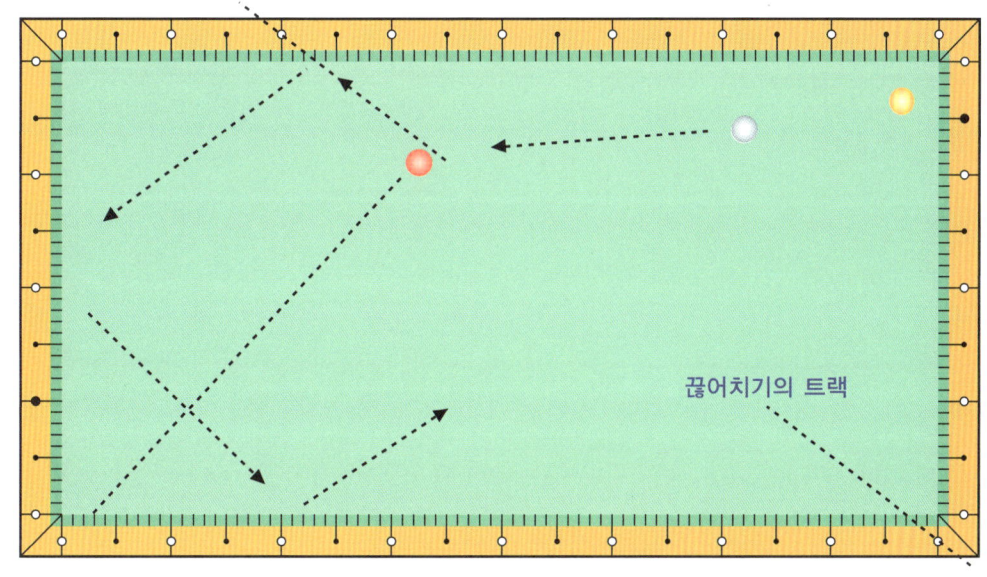

〈그림 238B〉

끊어치기 길게
Long Jab

▶ 이 샷을 성공시키려면 1적구를 스치듯 아주 얇게 쳐야 하는데(Fan Shot, 『빌리어드 아틀라스 1권』 193쪽), 매우 난이도가 높은 샷이다.

▶ 끊어치기 타법을 적용하면 수구는 길게 늘어진다. 이 경우 샷을 성공시키기가 훨씬 수월해진다.

▶ 긴 각을 조금 더 길게, 짧은 각을 더 짧게 치고자 할 때 끊어치기 타법이 유용하게 쓰인다.

※ 6쿠션 이상 대회전 돌리기에서도 쉽게 적용할 수 있다.

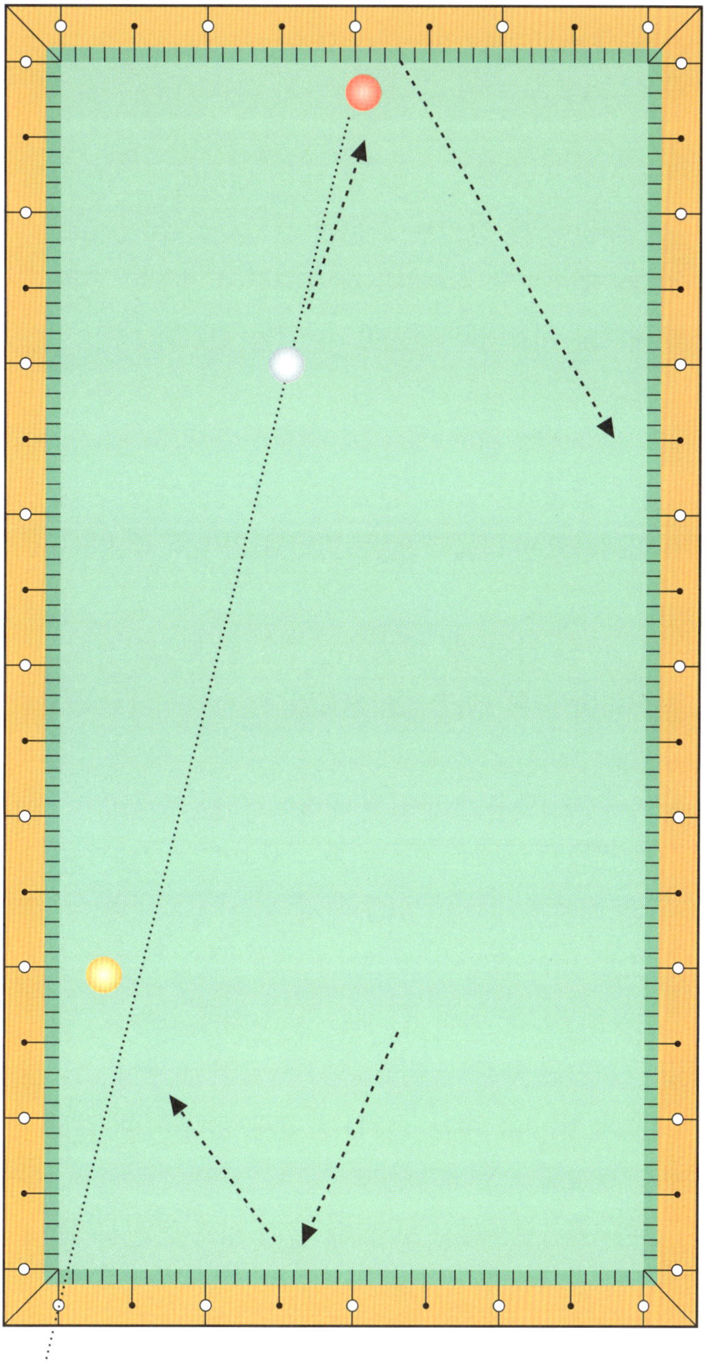

〈그림 239〉

MORE BASICS THE STROKE

고모리 선수의 테크닉
The Komori Technique

▶ 이상천 선수가 주최한 1992년 뉴욕 대회에 참가했을 때, 필자는 수구가 1 적구와 부딪힌 후 생기는 회전을 상쇄시킬 수 있도록 수구에 (다른) 회전을 부여하는 테크닉이 존재하는지 궁금증이 생겼다. 만일 그렇다면, 다양한 형태의 데드볼 시스템을 적용할 수 있을 것이다.

▶ 수구의 움직임에 관해서는 일본인들이 정평이 나 있었기에, 필자는 셰라톤 이스트 호텔에서 고모리 선수에게 이 내용에 관해 질문해 보았다. 그는 질문을 이해하고는 다음과 같은 방법을 가르쳐 주었다.

▶ 그는 1적구와 타격 후 발생하는 회전을 부정하려는 필자의 접근법은 틀렸다고 말하며 다른 테크닉을 선보였다.

1. 수구가 1적구와 분리된 후에 그리는, 득점으로 연결시킬 수 있는 데드볼 시스템(노잉글리시 시스템)의 선을 파악하고 1쿠션 지점을 정하라. 〈그림 240〉에서 점선 W가 이에 해당하는 수구의 진로를 나타낸다.
2. 큐 뒷부분을 살짝 든 채로 짧고 빠른 스트로크를 사용하여 수구의 중하단을 때린다. 이때 수구를 끌면 안 된다. 1적구를 두껍게 맞추면서 수구를 순간 정지시키고자 한다면 짧고 빠른 팔로-스루 스트로크를 사용해야 한다.
3. 수구를 1쿠션까지 보낼 때 끌지 않고 전진시키는 것이 중요하다.

▶ 이런 형태의 샷은 자주 등장하며, 더블쿠션에도 같은 테크닉을 적용할 수 있다.

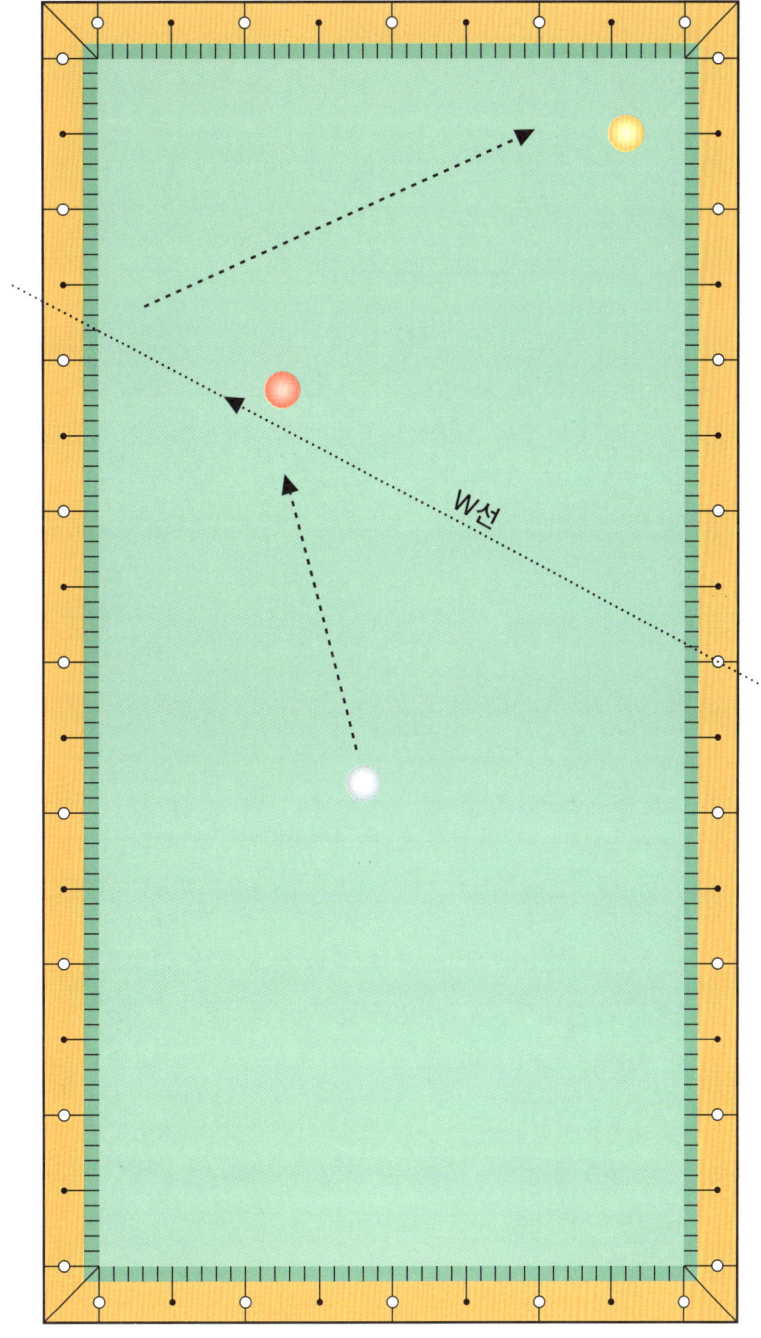

〈그림 240〉

MORE BASICS THE STROKE

끊어치기 더블쿠션
Jab Across The Table

▶ ⟨그림 241⟩과 같은 배열은 흔히 볼 수 있으며, 공략법도 여러 가지다. 이 페이지에서는 수구가 장축 – 장축 – 단축으로 이어지는 더블쿠션 샷을 소개하겠다.

▶ 정상급 선수들이 이 샷을 너무 쉽게 득점하는 것을 보며 필자는 넋을 잃곤 했다. 필자는 이 샷을 여러 번 실패했는데, 수구의 회전이 너무 많았을 뿐더러 큐 뒷부분을 너무 내렸기 때문이다.

▶ 하지만 토레스 선수의 끊어치기 타법과 고모리 선수의 데드볼 테크닉을 결합하여 이 문제를 확실히 해결하였다. 앞 페이지로 돌아가 끊어치기 타법에 대해 다시 한번 숙지하길 권한다.

▶ 다음은 오른쪽 그림의 공략법이다.

   1. 1적구의 옆쪽으로 가서 X로 향하는 데드볼 시스템의 트랙을 찾아라. 그리고 그림에 나타난 당점을 적용하라.
   2. 만일 그림의 당점 대신에 데드볼 당점이 작용한다면 트랙B를 따라 이동할 것이다.

▶ 데드볼 당점(무회전)을 적용할 것인가, 아니면 하단 회전을 약간 적용할 것인가에 대한 선택은 선수 각자에게 달려 있다.

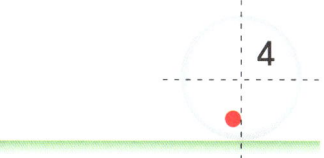

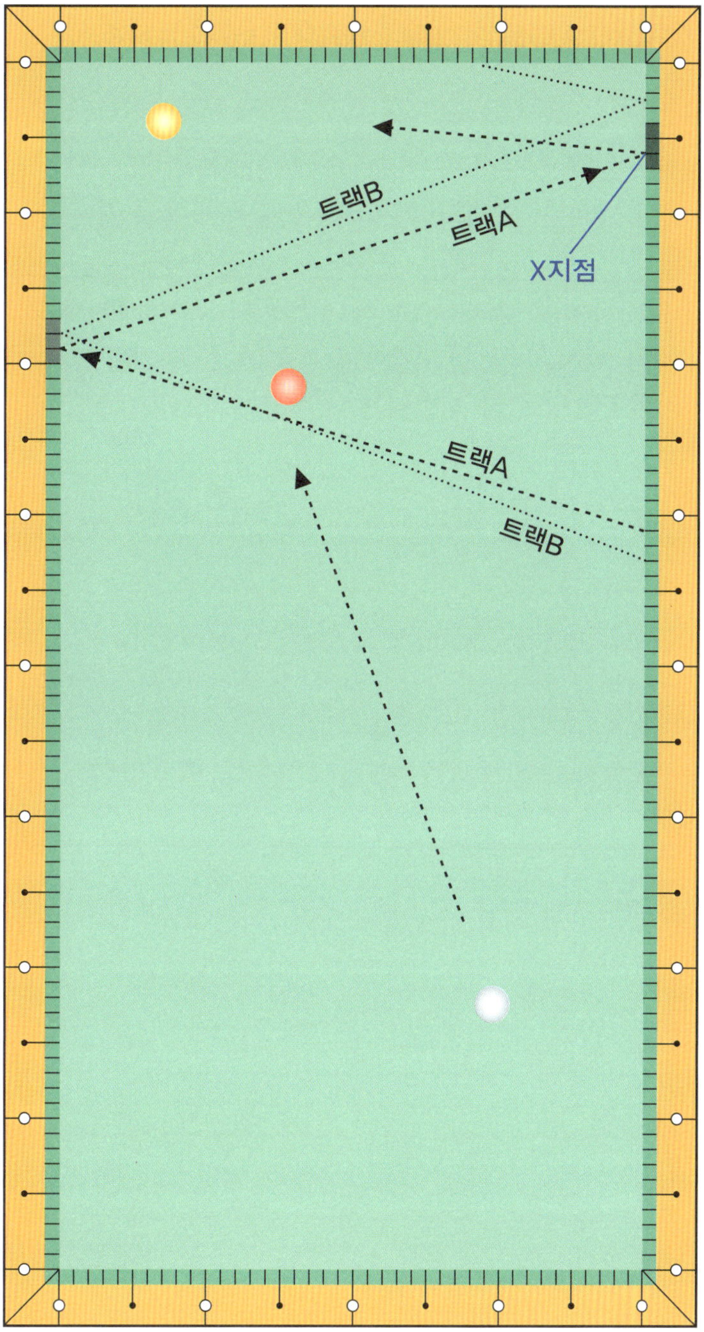

〈그림 241〉

MORE BASICS THE STROKE

3단 더블쿠션
Long To Long, To Long, To Long

▶ 이 시스템이 탄생하기까지는 몇몇 선수들의 도움이 있었다. 댄 시걸(Dan Segal) 선수는 일리노이주의 한 연구소에서 수많은 시간을 투자해 가며 이 샷을 연구했다. 비탈리스 선수의 동영상에서도 더블쿠션에 관해 다루고 있었지만, 자세한 정보는 누락되어 있었다. 조 벤트렐리(Joe Ventrelli) 선수와 필자 역시도 몇 달 동안 이 복잡한 샷을 해결하기 위해 노력했고, 결국 모두의 도움으로 이 시스템은 완성될 수 있었다.

▶ 옆회전 2팁, 하단 회전 1팁이 수구에 적용되었으며 큐 뒷부분은 살짝 들어준다.

▶ 팔로-스루가 아닌, 세미 잽 스트로크(Semi-jab stroke)를 사용한다.

▶ 가장 중요한 것이 수구의 속도인데, 4를 기준으로 하였다. 속도가 너무 빠르면 시스템은 적용되지 않는다.

▶ 〈그림 242A〉처럼 수구를 건너편 장축에 바로 겨냥했을 때 4쿠션째에서 3포인트 떨어진 지점(X)으로 향한다. 이를 기본 배치라고 한다.

※ 수구가 '기본 배치'에서 X지점으로 1포인트씩 가까워질 때마다 1쿠션 겨냥점은 뒤쪽으로 0.25포인트씩 변한다.

▶ 〈그림 242B〉에서는 수구와 4쿠션 지점의 거리가 2포인트이다. '기본 배치'에서 1포인트 이동했기 때문에 겨냥점은 0.25포인트 뒤로 이동한 U가 된다.

▶ 〈그림 242C〉에서는 수구가 '기본 배치'에서 2포인트 이동하였으므로 겨냥점은 0.5포인트 뒤로 이동한 W가 된다.

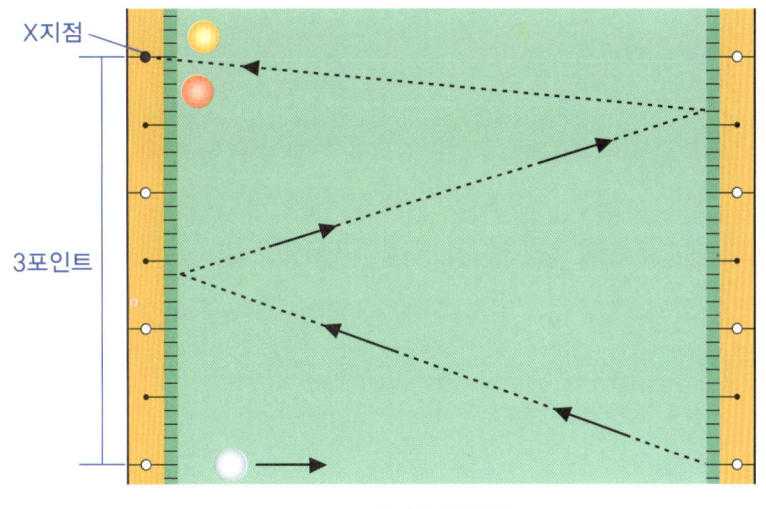

〈그림 242A〉

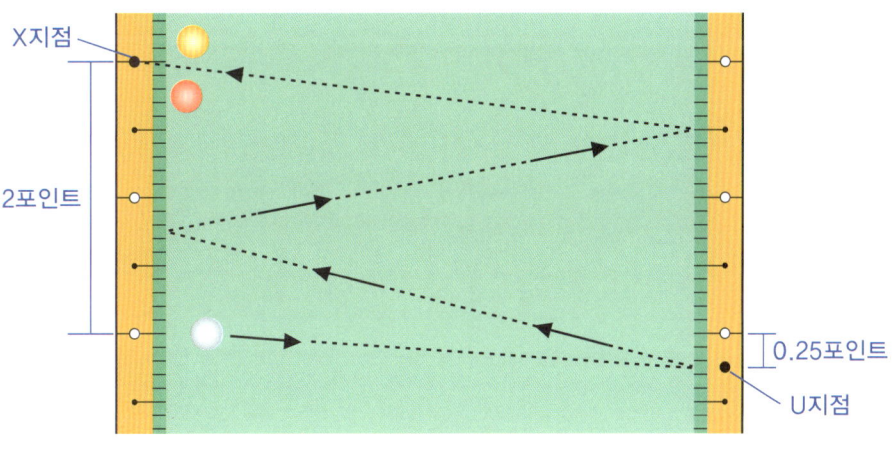

〈그림 242B〉

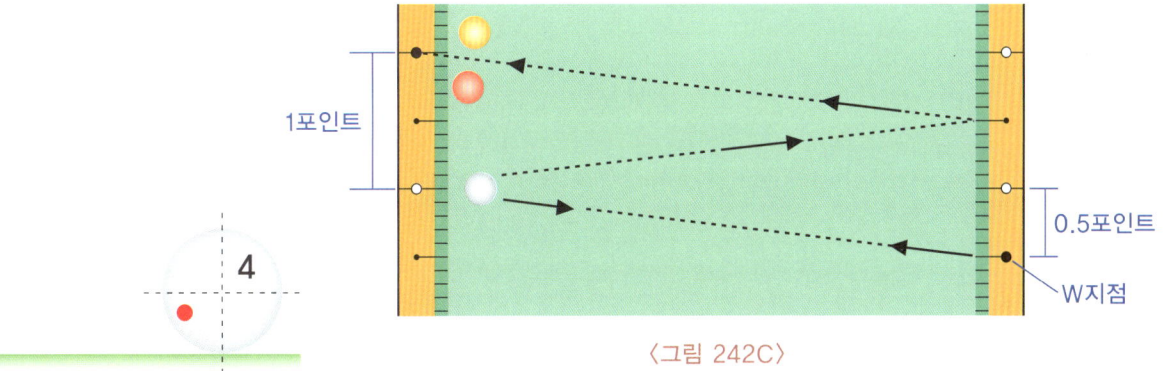

〈그림 242C〉

MORE BASICS THE STROKE

Billiard
ATLAS

Billiard ATLAS Chapter 5

기초 보강 훈련
More Basics

5장은 다음 사항에 대한 귀중한 정보들로 가득 차 있다. 그립, 스트로크, 브리지, 시선, 스피드, 포지션, 시스템, 자세, 회전, 리듬, 큐, 각도, 초이스, 초구 샷, 3쿠션에서의 회전, 수구의 운동 등이다.
돈 피니씨 덕분에 수구가 1적구까지 진행하면서 왜, 그리고 어떻게 방향이 바뀌는지에 대해 더욱 자세히 알 수 있었다.
유럽지역 선수들은 미국 선수들보다 경기를 더 즐기고 동시에 당구에 대해 더 많이 공부하는 것 같다. 이는 일본인들도 마찬가지이다. 이 지역에서 훌륭한 선수들이 많이 나오는 건 당연한 일이다.

- 기초 훈련
- 두 번째 기회
- 정확한 두께 조절에 관하여
- 수구의 움직임 2
- 초구 공략법 해부
- 샷에 임하는 기본 자세
- 기초 개념들
- 시스템에 관하여
- 수구의 움직임
- 3쿠션에서의 회전
- 골프와 당구의 연관성

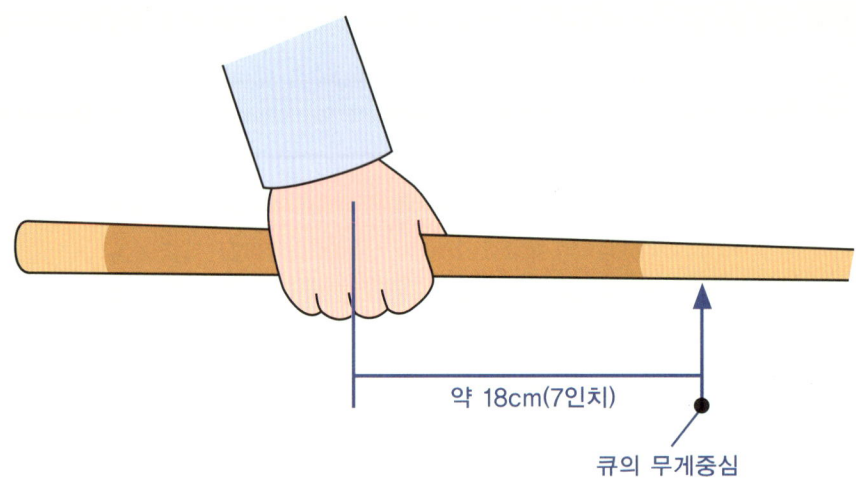

약 18cm(7인치)

큐의 무게중심

그립의 위치

〈그림 243〉

기초 훈련
Basic Training

▶ 뉴욕에서 활동하는 정상급 선수 중 한 명인 수 김(Soo Kim)은 댄 시걸(Dan Segal) 선수와의 인터뷰에서 스리쿠션에 관해 언급했다. 그 내용을 발췌해 소개해 본다.

"지난 50년 동안 미국에서는 정보의 부족으로 인해 기초적인 시스템이 구축되어 있지 못했습니다. 호프(Hoppe)를 비롯한 정상급 선수들은 당구 관련 정보를 비밀로 간직한 채, 스탠스나 스트로크, 스피드 같은 기초적인 사항도 선수들에게 가르쳐 주지 않았습니다. 믿기 힘드시겠지만 브리지의 형태만 해도 15가지가 넘을 만큼 다양합니다. 지금까지는 이런 정보들이 너무 부족했습니다."

"선수가 교육을 통해 정보를 습득하지 않고 오로지 감각으로만 플레이한다면, 에버리지 0.8까지는 도달할 수 있을 것입니다. 하지만 그게 한계입니다."

"기량을 더욱 쌓기 위해서는 정확한 정보를 습득해야 하고, 완벽히 몸에 익힐 때까지 연습해야 하며, 그 후에야 실전에서 사용할 수 있습니다."

"미국보다 유럽 지역에서 정보의 공유가 활발합니다. 그 결과 미국 선수들보다 유럽 선수들의 샷이 서로 닮아 있습니다."

기초 개념들
More Basics, More Etc

▶ 더 많은 기초지식을 원한다면, 다음을 읽어보기 바란다. 아래의 내용은 모두 최상급 선수/잡지/기관에서 뽑아온 것들이다.

▶ **그립(Grip)** : 수구의 움직임을 활성화시키기 위해서는 그립을 풀어주는 것이 좋다. 큐는 엄지와 검지로만 쥔 채 나머지 세 손가락으로 큐 밑을 살짝 감싸주는 것이다. 이 경우 손목을 자유롭게 사용할 수 있다.

▶ 과도하게 끌거나 밀어치기를 할 경우 그립을 풀어주는 것은 필수적이다. 반면 꽉 쥐어주는 그립을 사용하면 에러가 적게 난다. 두 가지 모두 마스터하기 쉽지 않다.

▶ **스트로크(Stroke)** : 팔꿈치를 기준으로 팔뚝(하박)은 시계추처럼 가볍게 움직여야 한다. 팔꿈치와 상박은 고정시킨 채, 큐는 손목과 하박을 사용하여 움직인다.

▶ 큐팁과 수구가 부딪힐 때 큐에는 가속이 붙어야 한다. 팔근육으로 어떤 제재도 가하지 않는 '프리 스윙'이 적합하다. 스트로크할 때는 마음 속으로 '큐가' – '들어간다' 하고 되뇌이면서 모든 집중력을 큐가 들어가는 것에만 쏟아부어라.

▶ **브리지(Bridge)** : 브리지는 큐팁에서 20~25cm(8~10인치) 정도 떨어진 경우가 대부분인데, 10cm 정도의 짧은 브리지가 요구되는 샷이 존재한다. 이 경우 브리지를 짧게 하면 정확도를 더욱 높일 수 있다. 기본적으로 3~4가지의 브리지만 익히고 있다면 무난히 경기할 수 있다.

▶ **자세(Stance)** : 일반 동호인들은 대부분 발의 위치가 적절하지 못하며 몸무게의 분산도 효과적으로 이루어지지 못한다.

▶ 필자 역시 지금까지 당구를 치면서 뒷발이 아닌 앞발에 무게 중심을 두고 있었다.

▶ 각 선수들마다 신장과 큐의 길이, 그리고 스윙의 폭이 다르므로 하나로 일반화시킬 수는 없지만, 그래도 요점을 정리해 보면,

1. 샷할 때 허리를 숙인 상태가 편안해져야 한다.
2. 큐팁이 1적구와 닿을 때 그립을 쥔 손의 하박이 큐와 수직을 이룰 수 있도록 한다.
3. 뒷발을 그립을 쥔 손보다 살짝 뒤에 위치시킨다.
4. 자세를 잡은 상태에서 앞으로 기대거나, 좀더 편안해지려고 자세를 재조정하지 마라.
5. 몸무게는 양발에 분산시키되, 뒷발에 대부분의 무게가 실려야 한다.

▶ **당점(English)** : 대부분의 경우 수구의 당점은 중앙 이하에 둔다. 상단 당점은 곡구 현상을 일으키거나 쿠션에서의 분리각이 자연스럽지 못하므로 되도록 피하는 것이 좋다. 상단 당점에 관해서는 일본인들이 일가견이 있으니, 그들에게 배우도록 하라.

▶ **리듬(Rhythm)** : 마지막 예비 스트로크에서 큐를 너무 빨리 뒤로 빼지 마라. 서두르지 말고 천천히, 맨 뒤까지 큐를 빼라. 스트로크의 거리를 줄이지 마라.

▶ **큐(Cue)** : 큐의 무게나 길이를 따지는 것보다 큐 하나를 선택하여 그 큐에 익숙해지는 것이 더욱 중요하다.

▶ **초이스(Shot Selection)** : 많은 힘이 요구되는 샷이나 상단 당점이 요구되는 샷은 가급적 피하고, 수구와 가까운 1적구를 먼저 치려고 노력한다면 샷은 더욱 정확해질 것이다. 필자의 어머니는 항상 내게 "애기야, 간단하게 생각해."하고 말씀하시곤 했는데, 간단한 샷을 선택하는 건 당구에서도 마찬가지이다.

▶ **디펜스(Safety Play)** : 공을 배우는 과정에서는 디펜스를 생각하지 마라. 공격이 최선의 수비이기 때문이다. 만일 두 가지 초이스 모두 성공할 확률이 비슷한데 디펜스도 할 수 있을 경우에는 디펜스를 하라. 상대방이 거의 이겨가는 경기에서는 플레이가 위축될 수도 있겠지만, 대부분의 플레이에서 디펜스를 생각하는 건 정말 어리석은 짓이다.

▶ 하지만 모든 샷에서 디펜스를 고려하지 않는 것 또한 모든 샷에서 디펜스를 고려하는 것만큼이나 바보 같은 짓이다.

▶ **각도(Angles)** : 수구를 매우 부드럽게 스트로크했을 때 입사각과 반사각은 기본적으로 동일하다.

▶ 수구를 강하게 때렸을 때는 각이 더 좁아지고, 상단 단점을 주었을 때는 넓게 퍼지며, 하단 단점을 주었을 때는 더 날카롭게 꺾인다.

▶ **연구(Study)** : 선수가 발전하는 데 있어서 자기 기만보다 해로운 것은 없다.

▶ **시선(Sighting)** : 샷을 하려고 엎드리기 전에 어떻게 샷할 것인지 확실히 정하라. 그 후에 큐 끝과 수구가 만드는 선 너머를 바라보며, 모든 집중력을 1적구의 겨냥점을 정확히 맞추는 데 쏟아부어라. 2적구의 위치는 신경 쓰지 말라.

▸ **속도(Speed)** : 딱 득점할 수 있는 정도의 속도로 샷하는 습관을 길러라. 하지만 그보다 중요한 건 자신이 사전에 계산한 속도대로 공을 굴릴 수 있냐는 것이다. 그럴 능력이 없다면 계산은 아무 의미가 없다. 샷 대부분을 적절한 속도로 부드럽게 굴린다면 키스를 피하거나 포지션 플레이에 유리하다. 비록 지금 여러분이 포지션을 고려하지 않는다 해도, 포지션에 대해 생각할 때가 반드시 올 것이다.

▸ 공이 통제에서 벗어나 버리면 다음 포지션의 여부는 전적으로 운에 달린 셈이다. 진정한 당구는 어려운 공이 설 확률을 줄여가는 것이다.

▸ **포지션(Position)** : 웰커 코크란(Welker Cockran) 선수는 "주어진 공을 우선 해결하고, 다음 공은 그 다음에 해결하라. 포지션이 요구되는 샷은 예외일 뿐이다."라고 말했었다. 하지만 최근 정상급 선수들은 40% 정도의 샷에서 일정 형태의 포지션을 만들어 낸다. 그만큼 포지션의 비중은 더욱 커졌다.

▸ **걸음(Walking)** : 세계 정상급 선수들의 경기 동영상에서 선수들이 당구대를 한 바퀴 돌면서 각도와 각 쿠션의 도달 지점을 확인하는 모습을 볼 수 있다. 때로는 당구대를 두 바퀴 돌기도 하며, 평균적으로 샷을 계산하는 데 25초 정도를 소요한다. 그러니 충분히 시간을 갖고 각각의 샷을 확인하라. 물론 쓸데없이 시간을 낭비하지는 마라.

▸ **얇게 치기(Thin Hits)** : 필자가 젊었을 때 호프(Hoppe) 선수의 경기를 관전한 적이 있는데, 그는 대부분의 샷을 1/2 내지 1/3 두께로 처리하였다. 당시 필자는 왜 1적구를 얇게 치지 않는지 의아해 했었다. 돌이켜보면 그는 나이가 많아 시력이 예전 같지 못하므로 얇게 치는 초이스를 가급적 배제하려고 했던 것 같다. 두껍게 치는 것이 훨씬 편할 것이기 때문이다.

▸ 하지만 요즘에는 팬샷(Fan Shot)을 포함한 모든 두께의 샷을 할 줄 알아야 한다. 그리고 『빌리어드 아틀라스』에서는 조금 더 두껍게 샷해도 편안히 득점에 성공할 수 있는 방법을 소개하는 데 많은 부분을 할애했다.

▶ **집중력(Concentration)** : 사실 집중력에는 여러 단계가 존재한다. 그 중 가장 높은 단계는 무념무상의 상태에서 아무것도 자신을 방해하지 않는 단계이다. 물론 이 단계에 이르는 것은 쉽지 않다. 이 단계에서는 오직 자신과 당구대만 보이고, 기계처럼 재지 않아도 마법에 걸린 듯 모든 공이 쉽게 느껴진다.

▶ **시스템(Systems)** : 연습할 때는 시스템에 입각한 플레이의 중요성에 대해 아무리 과장해서 말해도 지나치지 않다. 쿠션의 도달 지점을 정확하게 계산하고 샷하면 득점 확률이 월등히 높아지기 때문이다.

▶ 시스템을 적용할 때는 장비의 상태도 항상 고려해야 한다.

▶ 경기가 잘 풀리지 않거나 감각이 제로일 때는 정확한 정보에 의지해야만 한다. 여러분이 최상의 경기력을 되찾으려고 노력할 때 시스템이 큰 도움을 줄 것이다.

▶ 많은 지식을 습득할수록 최상의 경기력을 회복하기가 쉬워지며, 정보가 당신의 뒤를 든든히 받쳐줄 것이다.

두 번째 기회
Ashby's Second Chance

▶ 조지 애스비 선수는 샷을 할 때의 정신 자세에 대한 흥미로운 접근법을 소개했다. 이는 정확도를 높이는 데 큰 도움이 된다.

▶ 샷의 진로를 계산할 때, 애스비 선수는 수구가 어떻게 빠질 것인지 길게 혹은 짧게 스스로에게 묻는다.

▶ 그 후에 샷을 조정하여 평소에 자주 미스하는 방향으로 수구를 빠뜨리지 않도록 만든다.

▶ 이제 그는 샷을 미스할 상황까지 조정함으로써 두 번의 기회를 획득한 셈이다.

▶ 여러분의 무기고에 또 하나의 강력한 무기가 생겼다.

시스템에 관하여
Soo Kim On Systems

▶ **수 김** 선수는 세계 대회에 10차례 참가했다. 그는 미국 내 정상급 선수 중 한 명이며, 당구에 대한 열정이 남달라 항상 새로운 정보를 습득하려고 했다.

▶ 아래는 1992년 **수 김** 선수와 **댄 시걸** 선수와의 인터뷰 내용을 발췌한 것이다.

- 시스템을 이용하면 쿠션의 어느 부분을 맞춰야 할지 정확히 알 수 있고, 샷의 전체적인 로드맵도 그릴 수 있다.
- 어느 시스템을 사용하건 수구의 속도와 당점에 대한 정보는 필수적으로 알고 있어야 한다.
- 수구는 절대로 반듯이 굴러가지 않으며, 항상 디플렉션(꺾임)이나 커브를 그린다. 시스템을 사용할 때 이 점을 반드시 고려해야 한다.

▶ 수구의 움직임을 제대로 파악해야 시스템을 조금 더 정확하게 적용할 수 있다.

정확한 두께 조절에 관하여
The Preacher On Hitting Accurately

▶ 목적구의 두께 조절에 실패했는데도 그 이유를 몰랐던 적이 있는가? 아마도 여러분은 수구의 커브는 생각지도 않은 채 자신의 시력과 자세에 대해서만 책망했을 것이다. 게다가 수구는 커브 뿐만 아니라 디플렉션(Deflection, 꺾임)도 일어난다는 사실을 여러분은 알고 있는가?

▶ 돈 피니(Don Feeney)씨는 『포켓볼 & 빌리어드 매거진(Pool and Billiard Magazine)』 1992년 11월호에서 이 주제에 관해 기사를 쓴 적이 있다. 이 기사는 최고급 정보로써 수구의 커브, 디플렉션, 슬라이드, 스키드(Skid[2], 미끄러짐)에 대해 논하고 있다. 이 모두가 잘못된 두께 조절과 관련된 것들이다.

▶ 필자는 피니씨와 시카고에서 스누커 시합을 한 적이 있는데, 11피트(약 28cm) 정도 떨어진 목적구를 몇 번 놓쳤던 기억이 아직도 생생하다. 그 후로 필자는 스누커를 칠 때 수구를 가볍게 굴려주는 타법을 사용한다.

▶ 두께 조절에 관한 문제는 매우 복잡할 뿐만 아니라 미묘한 차이가 있다. 필자는 여러분이 직접 돈 피니씨를 찾아가 이 주제에 관한 강의를 들어볼 것을 권장한다. 다음은 그의 강의를 요약한 내용이다.

---

[2] Skid(미끄러짐) : 주로 당점을 아래 주었을 때 수구가 일정한 거리만큼 회전을 멈추고 미끄러지는 현상

수구의 당점을 상단이 아닌, 중앙이나 측면에 두었을 때
1. 수구는 잠시 미끄러지다(Skid)가 꺾일(Deflect) 것이다.
2. 수구에 옆회전을 주었을 경우 큐팁과 반대 방향으로 꺾인다.
3. 미끄러짐이 멈추면, 수구는 큐팁을 준 방향으로 커브를 그리게 된다.
4. 수구를 부드럽게 굴린다면, 아주 짧게 꺾인 후 커브가 시작될 것이다.

수구의 당점을 상단에 두고, 큐는 평행하게 유지하였을 때
1. 수구는 미끄러지지 않는다.
2. 수구는 거의, 또는 전혀 꺾이지 않을 것이다.
3. 상단 측면 당점을 주었을 때는 커브가 일찍 시작되어 일찍 끝날 것이다.

수구의 당점이 하단일 경우
1. 수구를 부드럽게 굴린다 하더라도 비교적 오랫동안 미끄러질 것이다.
2. 만일 수구를 강하게 때린다면 수구는 목적구까지 쭉 미끄러지면서 꺾이기만 할 뿐, 커브를 일으키지 않는다.
3. 하단 옆회전을 살짝 주고, 수구와 9피트(23cm) 정도 떨어진 목적구를 향해 때려 보라. 속도를 조금만 높여도 목적구가 생각보다 두껍게 맞는다는 사실을 깨닫게 될 것이다.

▶ 수구가 어떻게 움직일 것인지 결정한 후 생각보다 두껍게 겨냥할 것인지, 얇게 겨냥할 것인지 조정하라.

▶ 어떤 경우 수구는 목적구의 절반 거리까지 미끄러질 것이며, 목적구에 다다라서는 노잉글리시 당점을 준 것처럼 움직일 것이다.

▶ 쿠션의 천이 바뀌면 수구의 움직임에도 결정적인 영향을 미친다. 또한 장비(당구대, 공)마다 슬라이드(미끌림)의 차이가 있으므로 경기하는 데 지장을 준다.

수구의 움직임
Cue Ball Behavior Examples

▶ 이 페이지에서는 1적구로 향하는 수구의 진로를 어떻게 설정할 것인가에 대해 다루고 있다.

▶ **미끄러짐(Skid)** : <그림 244A>에서 수구는 1적구에 도달할 때까지 계속 미끄러지므로, 커브는 발생하지 않고 약간 꺾이기(deflect)만 한다는 것을 예측하고 두께를 겨냥해야 한다.

▶ 만일 약간 옆회전을 줄 경우 조금 더 꺾일 것이므로 조정이 필요하다.

▶ **수구를 굴릴 때** : <그림 244B>는 위의 그림과 비슷하지만, 1적구의 위치가 약간 다르다.

▶ 당점은 상단에 두고 수구를 굴려야 하며(수구는 커브/디플렉션을 일으키지 않는다), 겨냥한 대로 두께를 맞출 수 있을 것이다.

▶ 약간 옆회전을 줄 경우 커브가 일찍 생겼다가 사라진다는 점을 예측해야 한다.

▶ PS : 하단 끊어치기처럼 몇 가지 다른 공략법도 존재한다.

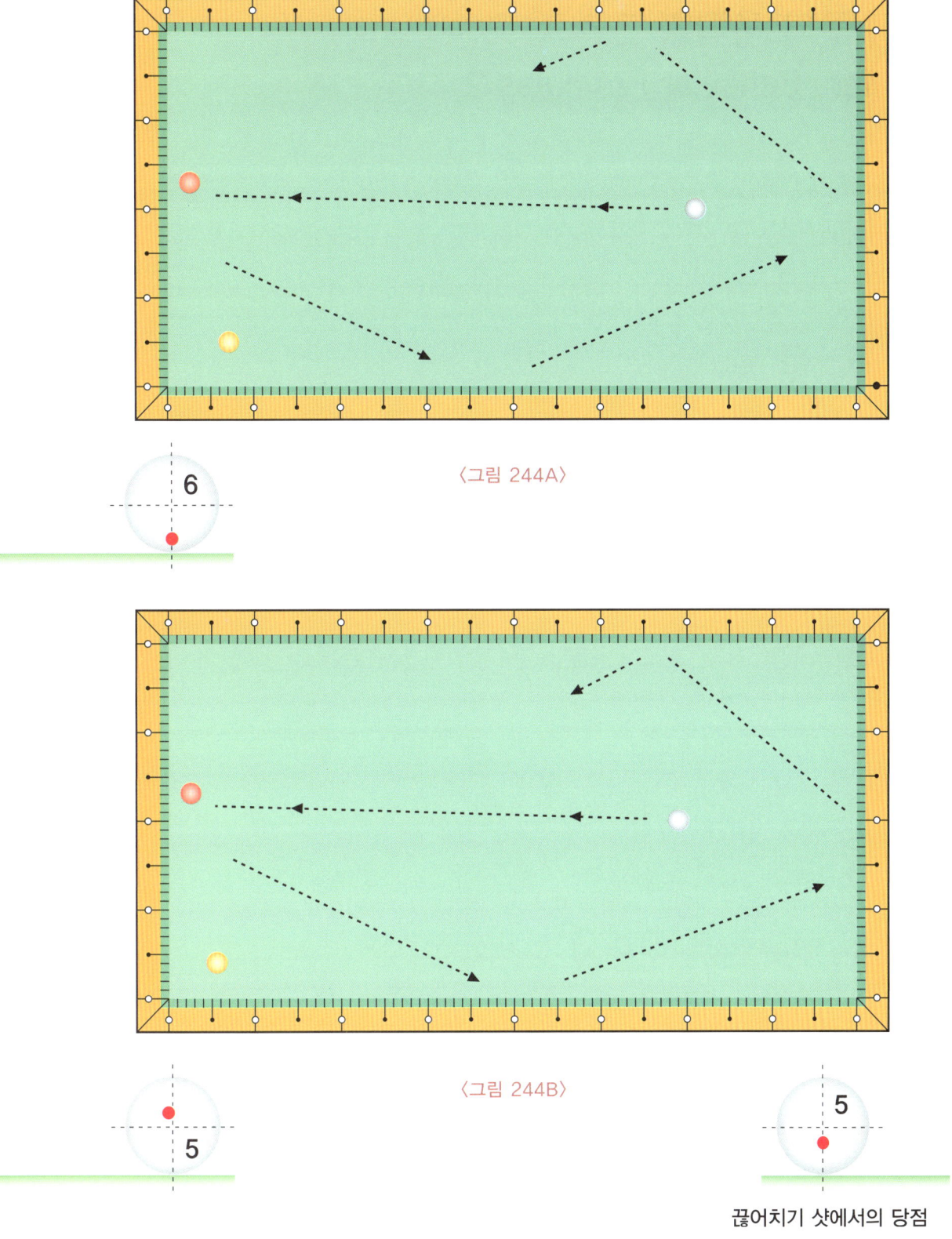

〈그림 244A〉

〈그림 244B〉

끊어치기 샷에서의 당점

수구의 움직임 2
More Behavior Examples 2

▶ 이 페이지에서는 수구의 옆회전(당점)을 어떻게 다룰 것인가에 대해 논하고 있다.

▶ 〈그림 245A〉에서 수구와 1적구는 매우 가까이 위치하므로 비교적 쉽게 샷 할 수 있을 듯하다.

▶ 이 경우 수구의 회전을 많이 준 상태에서 1적구를 아주 얇게 맞춰야 한다. 이처럼 가까운 거리에서는 수구의 움직임(커브/디플렉션)이 전혀 문제될 것이 없는 듯 보이지만, 수구가 단축 먼저 맞는 재앙을 피하기 위해서 조금 더 확실히 해두도록 하자.

▶ 수구의 디플렉션을 피하기 위해, 1적구가 맞지 않을 두께로 겨냥한 후에 수구가 꺾이는 정도를 측정해 보라.

▶ 〈그림 245B〉에서 1적구는 여러분의 생각보다 두껍게 맞을 것이니, 더 얇은 두께로 겨냥하라.

▶ 이처럼 1적구의 표면을 스치는 종류의 샷은 위의 방법대로 다뤄야 한다. 그렇지 않으면 짧아질 것이다.

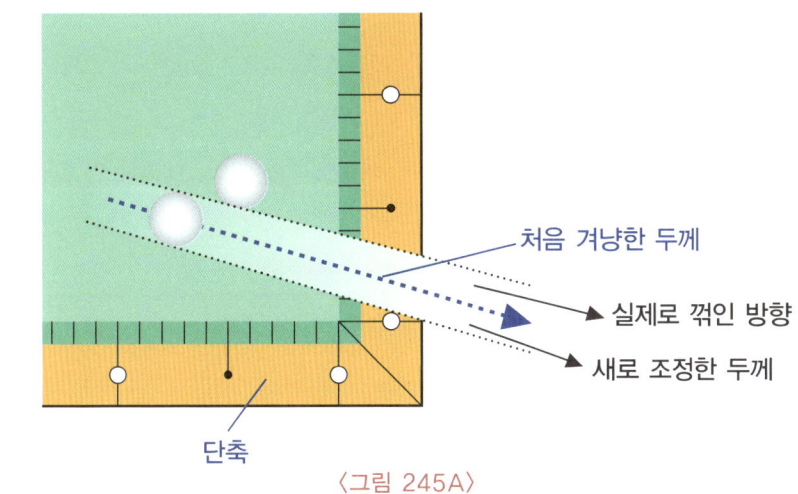

처음 겨냥한 두께
실제로 꺾인 방향
새로 조정한 두께
단축

〈그림 245A〉

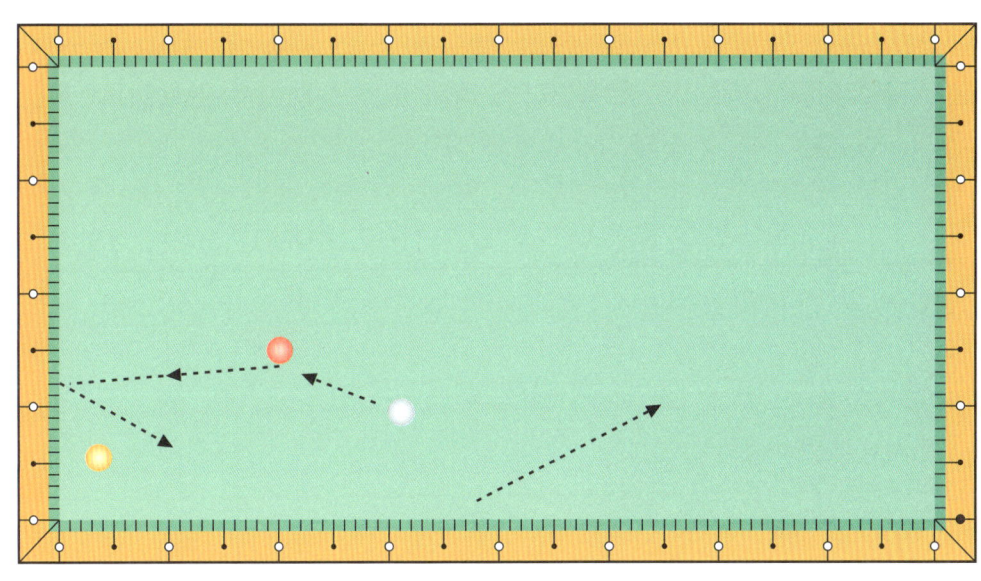

〈그림 245B〉

MORE BASICS 119

3쿠션에서의 회전
Third Rail English

▶ **돈 피니**씨는 어떤 스리쿠션 선수와 **클르망** 선수와의 대화를 엿들었다. 그 내용은 대충 이러했다.

▶ "유럽 선수들과 미국 선수들의 차이가 뭐죠?"
"(클르망, 약간 망설이듯) 유럽 선수들은 미국 선수들이 모르는 몇 가지를 알고 있습니다."
"예를 하나 들어 주세요."
"음, 유럽 선수들은 세 번째 쿠션에서 수구의 회전을 조절할 줄 압니다."

▶ 잠시 멈추어 이 말이 가져올 파장을 생각해 보면, 정말 놀라지 않을 수 없다. 만일 여러분이 (기준) 트랙에만 얽매여 있는 상태에서 3쿠션에서 회전이 더 필요할 경우, 어떻게 대처할 것인가?

▶ **돈 피니**씨는 이 문제에 관해 연구를 시작했고, 3쿠션에서 회전을 조절하는 방법을 몇 가지 발견했다. 〈그림 246A〉에서 A구역에 관한 것인데, 그 범위가 조금 넓다.

▶ 1적구는 두껍게 맞춰야 한다.

▶ A구역의 당점을 수구에 적용할 경우 3쿠션에서 회전이 적어지고, 7시나 11시처럼 A구역 바깥의 당점을 수구에 적용할 경우 3쿠션에서 회전이 더 많아진다.

▶ 이때 손목을 많이 사용해야 한다. 덧붙여 〈그림 246B〉에서는 득점에 성공할 수 있도록 각을 벌릴 수 있는 방법을 나타냈다.

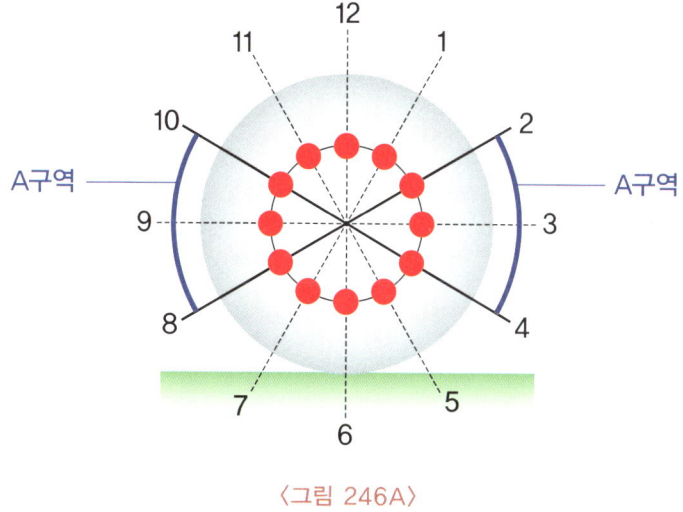

〈그림 246A〉

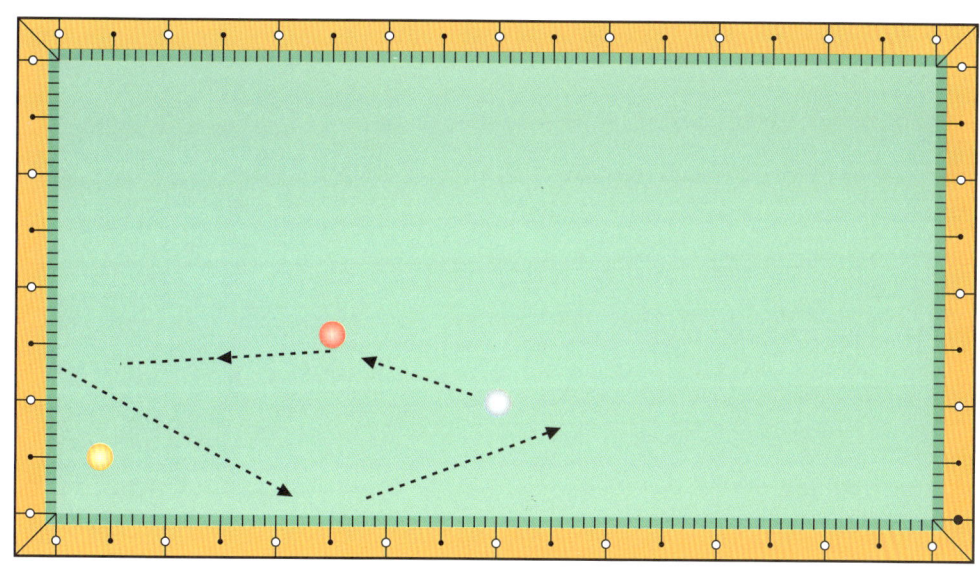

〈그림 246B〉

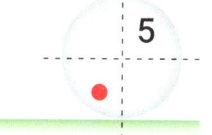

초구 공략법 해부
An Anatomy of a Break Shot

▶ 최근에는 15점 1세트 경기가 대세를 이루고 있다. 초구를 포지션시키면 바로 다득점으로 연결할 수 있기에, 초구의 중요성은 더욱 커졌다.

▶ 가능하다면 초구를 치는 일정한 기준을 정하라. 평행한 큐, 수구 속도 5, 기본 팔로-스루 스윙, 보통의 그립과 손목 사용 등이 될 것이다.

▶ 필자는 1적구의 두께를 1/2이나 3/4이 아닌 5/8 두께로 맞추는 것을 선호한다. 우선 1적구를 키스 지역에서 완전히 벗어나게 한 다음 수구를 득점권 진로로 보내야 한다.

▶ 수구는 절대 일직선으로 움직이지 않는다는 점을 명심하라. 고로 5/8 두께를 맞추려면 3/4 정도의 두께로 조정하여 겨냥해야 한다.

▶ 수구가 2적구로 향할 수 있는 당점을 실험해 보라. 아마도 10시 30분이나 11시 당점이 적절할 것이다.

▶ 트랙은 최종적으로 X를 향한다. 너무 강하지 않되 시원하게, 전체적인 감을 잘 살려 샷하라.

▶ 만일 문제가 발생한다면 그립의 위치를 미세하게 조정하거나 팔로-스루를 줄여 보라.

▶ 공마다 상태가 다르기에(새 공, 헌 공) 자주 테스트해 보아야 한다.

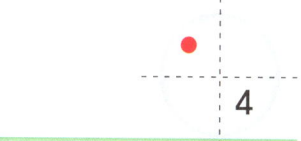

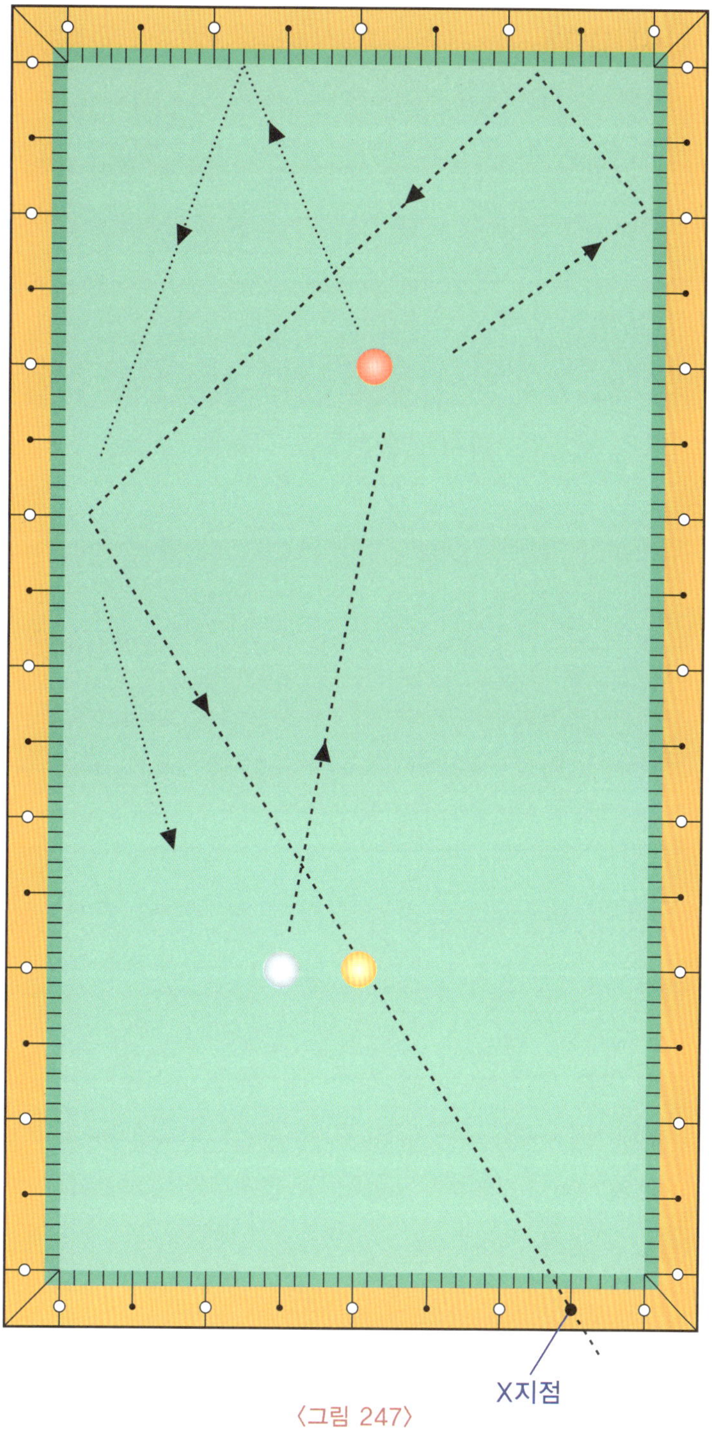

〈그림 247〉

X지점

MORE BASICS 123

골프와 당구의 연관성
An Outlook

▶ 우리가 종종 골프 레슨을 받는 이유는 잘못된 기본기를 프로 골프 선수에게 교정받기 위해서이다. 필자는 골프 레슨 중에 매우 독특한 경험을 했다.

▶ 필자가 스트로크, 그립, 손목 사용, 팔로-스루 스윙, 리듬 등 당구의 기본기를 처음부터 다시 교정할 때 받았던 느낌과 골프 레슨을 받을 때의 느낌은 비슷한 것 같았다. 하지만 실제로는 그렇지 않았다.

▶ 골프 레슨이 훨씬 수월했다. 목적구(골프공)를 길게 샷해야 할 경우 필자는 당구에서 수구를 길게 보낼 수 있는 방법들을 떠올렸다. 다운 스트로크를 사용하고 그립을 풀어주며, 손목을 조금 더 쓰는 것이다.

▶ 필자는 이 방법 중 하나를 이용하거나, 때로는 전부 다 골프 스윙에 적용했는데, 놀랍게도 결과는 대만족이었다.

▶ 목적구와의 분리각을 좁히기 위해서 잽 스트로크나 업 스트로크를 시도했었다. 때론 이런 시도가 엉뚱한 결과를 초래하기도 했다.

▶ 하지만 이후 조정을 통해 샷을 내 것으로 익힐 수 있었고, 골프에 점점 익숙해져 갔다. 이 모든 경험이 필자에겐 강력한 무기가 되었다.

샷에 임하는 기본 자세
Basic Summary

▶ 매번 샷할 때마다 기본적인 사항을 점검하지 않고서는 게임에서 승리하기 힘들다. 아래의 내용은 기본기를 탄탄하게 정립하기 위한 방법이며, 두세 번씩 체크해도 부족하지 않다.

▶ **샷의 선택 1** : 무슨 샷을 어떻게 구사할 것인지 결정하라. 수구의 마지막 도달 지점을 예측하여 속도와 당점, 두께를 설정하라.

▶ **샷의 선택 2** : 수구의 커브와 키스 여부를 체크하라. 디펜스와 포지션 여부도 고려해야 한다.

▶ **엎드려 조준** : 자세가 올바른지 체크해 본다. 어떤 스트로크를 사용할지 결정하고, 리듬을 타며, 모든 집중력을 수구의 속도와 1적구의 두께에 쏟아부어라.

▶ 신호가 왔을 때, 방아쇠를 당겨라!

▶ 필자의 경우 팔로-스루 여부를 두 번씩 체크한다. 여러분도 아시겠지만 수구의 속도 조절이나 디플렉션(두께 조절 실패) 때문에 대부분의 공격에서 실수가 발생한다.

※ 집중하는 것이 가장 중요하며, 아주 조금이라도 집중력이 흐트러졌을 때는 잠시 멈추고 다시 집중해야 한다.

Billiard ATLAS

Billiard ATLAS Chapter 6

볼 시스템
A Ball System

이 장에서는 볼 시스템 하나만을 소개하고 있다. 여러분은 이 내용을 다른 어떤 곳에서도 찾아보기 힘들 것이다. 모든 공을 기계처럼 계산하여 풀어낼 수는 없지만 시스템은 선수들의 감각을 키워준다. 시스템을 사용하다 보면 두께와 당점 조절에 대한 감각이 크게 강화되며, 다른 어떤 것도 이러한 시스템의 역할을 대신할 수 없다.

여러분의 감각을 체크하는 데 시스템을 사용해 보라. 키스 피하기나 포지션 플레이에도 많은 도움이 될 것이다.

만일 수구가 시스템의 선대로 진행하지 않는다면 책에서 당구의 기초를 소개한 부분으로 돌아가 다시 일독하길 바란다. 스트로크가 곧게 뻗지 못하는 등의 문제 때문일 것이다.

- 볼 시스템
- 3쿠션 수(數)
- 1적구 수(數)
- 스트로크의 예
- 수구의 위치
- 마티노 선수의 오차 조정
- 장축에서 라인1 구역
- 디크만 선수의 비법
- 라인 수(數)
- 당점 수(數)
- 볼 시스템의 예
- 라인1 구역
- 수구의 교정
- 오차 조정 2
- 장축 라인의 응용

볼 시스템
A Ball System

▶ 몇 년 전부터 숫자를 조합해 수구의 진로를 파악하여 득점으로 연결시킬 수 있는 시스템이 존재한다는 소문이 돌았다.

▶ 각도에 대한 감각이 일단 중요하지만, 여기에 추가적으로 숫자를 사용한 계산법이 존재한다는 것이다.

▶ 칼 콘론(Carl Conlon)씨는 일본 선수들이 자주 사용하는 이 시스템에 관해 연구를 시작했고, 그 결과는 성공적이었다. 그는 일본에 에버리지 1.0이 넘는 선수가 많은 이유는 그들이 독특한 비법을 가지고 있었기 때문이란 것을 밝혀냈다.

▶ 데니스 디크만(Dennis Dieckman) 선수가 코코아 해변에 다녀갔을 때 필자와 볼 시스템에 관한 정보를 교환했고, 그제서야 필자는 완성된 볼 시스템에 대해 접할 수 있었다. 몇 주간 볼 시스템을 붙잡고 연구한 끝에, 이 시스템이 매우 중요하다는 사실을 깨달았다.

▶ 필자는 이 책에서 디크만 선수의 정보를 몇 가지 인용하였으며, 일부 정상급 선수들에게도 이 시스템에 관해 물어 보았다. 몇몇은 대답해 주었으나, 몇몇은 입을 꼭 다물었다. 그 후 약간의 수정을 거쳐 지금의 볼 시스템이 탄생하게 되었다.

▶ 일본인들의 시스템도 알려져 공유되었으면 하는 바람이 있다. 하지만 그 전까지는 필자의 시스템으로 대체할 수 있을 것이다.

▶ 디크만 선수는 이 시스템을 괴짜 시스템이라 부른다. 대부분의 사람들이 이 시스템의 효과에 반신반의하기 때문이다. 이 시스템이 갖는 중요성 때문인지, 그는 북부 헐리우드 출신의 앤디 노바디(Andy Nobody)-실제 이름이다-씨와 디트로이트 출신의 밥 아민(Bob Ameen)씨, 그리고 일본의 주니치 고모리 선수에게 공을 돌리고자 했다.

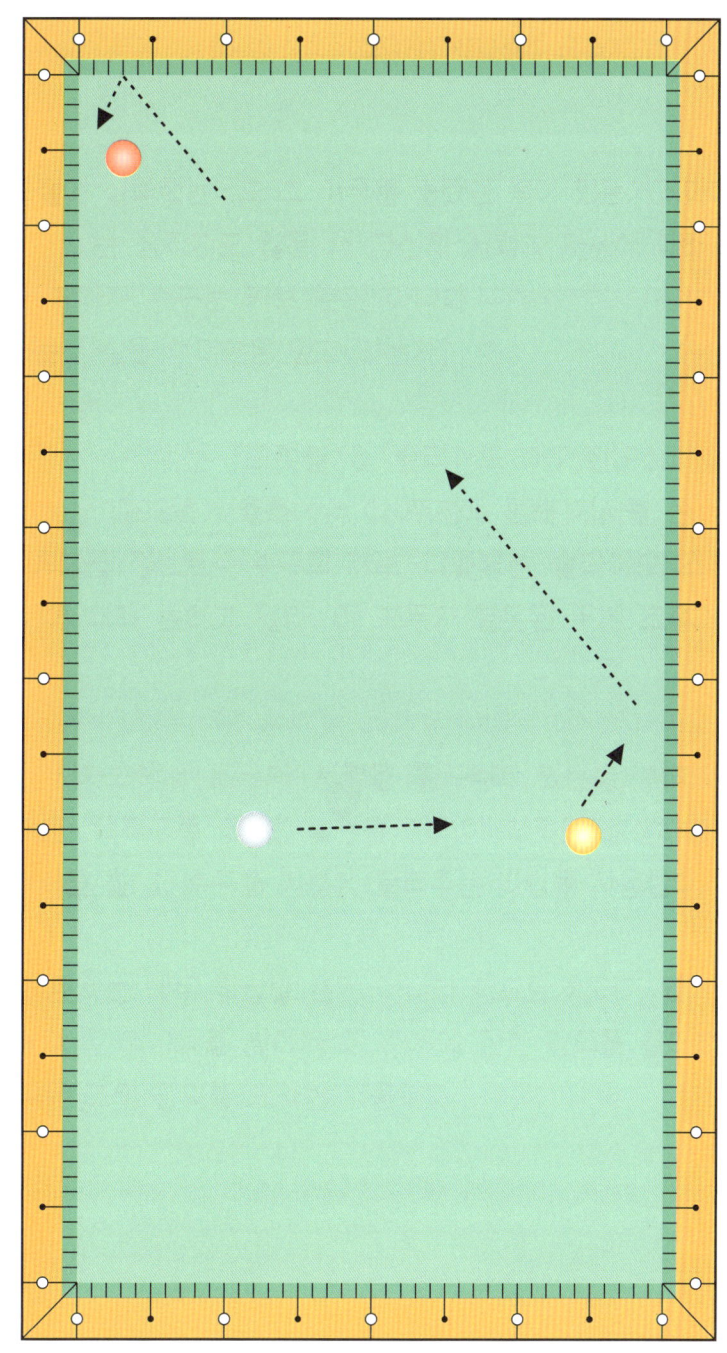

〈그림 248〉

A BALL SYSTEM

라인 수(數)
Table Line Numbers

▶ 〈그림 249〉에서는 7가지 라인이 그려져 있으며, 각 라인에 수(數)를 부여했다.

▶ 수구의 일반적인 진행 방향을 알고 싶다면, 1적구와 분리된 후 가장 근접해 있는 라인을 찾아라. 오른쪽 그림에서는 라인2와 라인5가 될 것이다.

▶ 다음은 초심자들을 위한 예시이다 : 1적구 쪽으로 움직이기 전에 당구대의 각 라인을 살펴보고, 1적구 옆으로 지나가는 라인을 그려라. 이것이 '라인 수'가 된다. 어떤 경우 3.5가 될 수도, 7이 될 수도 있다.

▶ 수구가 1적구와 분리된 후 데드볼 잉글리시(무회전) 상태로 이 라인을 따라 진행하면 수구는 코너로 향하게 된다.

▶ 그림상의 어떤 라인을 따라 보내더라도 무회전 당점을 적용하면 코너에 떨어질 것이다. 상단 당점은 사용하지 말라.

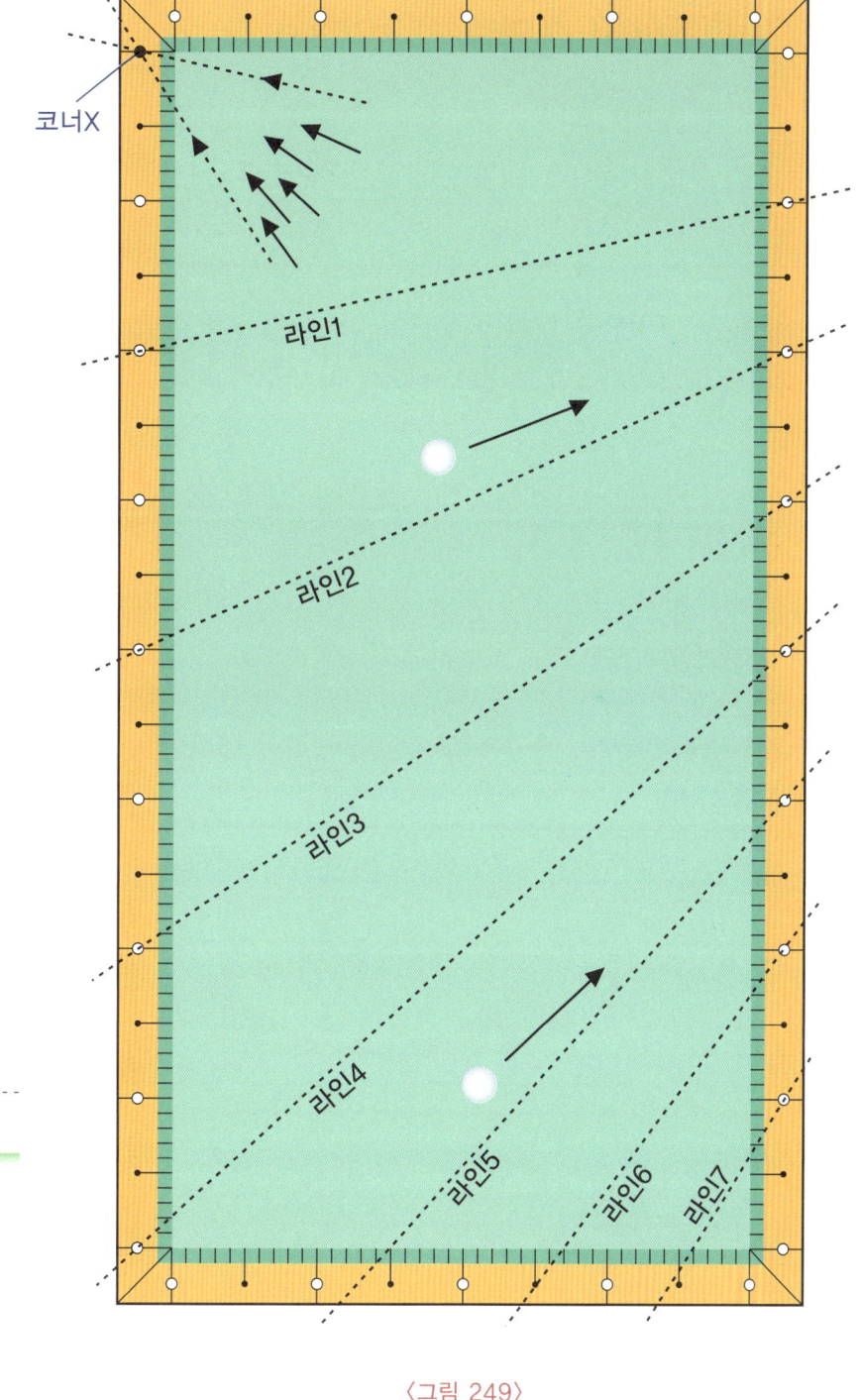

〈그림 249〉

A BALL SYSTEM

3쿠션 수(數)
Third Rail Hit Point Numbers

- M쿠션은 수구가 3쿠션 째에 부딪히는 쿠션이며, 각 지점에 따라 숫자를 부여했다.

- M쿠션에서 포인트를 향하는 부분이 아닌, 칼끝에 수를 부여했다. 각 수마다 1/2포인트씩 차이가 나므로 비교적 암기하기 쉽다.

- '3쿠션 수'는 '라인 수'와 더해져 (전체) '당구대 수'를 이룰 것이다.

- 소가드(Sogard) 당구대에서는 3쿠션 지점에 변동이 생긴다. 메인 그림 왼쪽에 첨부된 그림을 참조하라.

- 유럽제 당구대에서는 수구를 부드럽게 굴려야 한다. 굴린다는 사실을 다시 한번 명심하라.

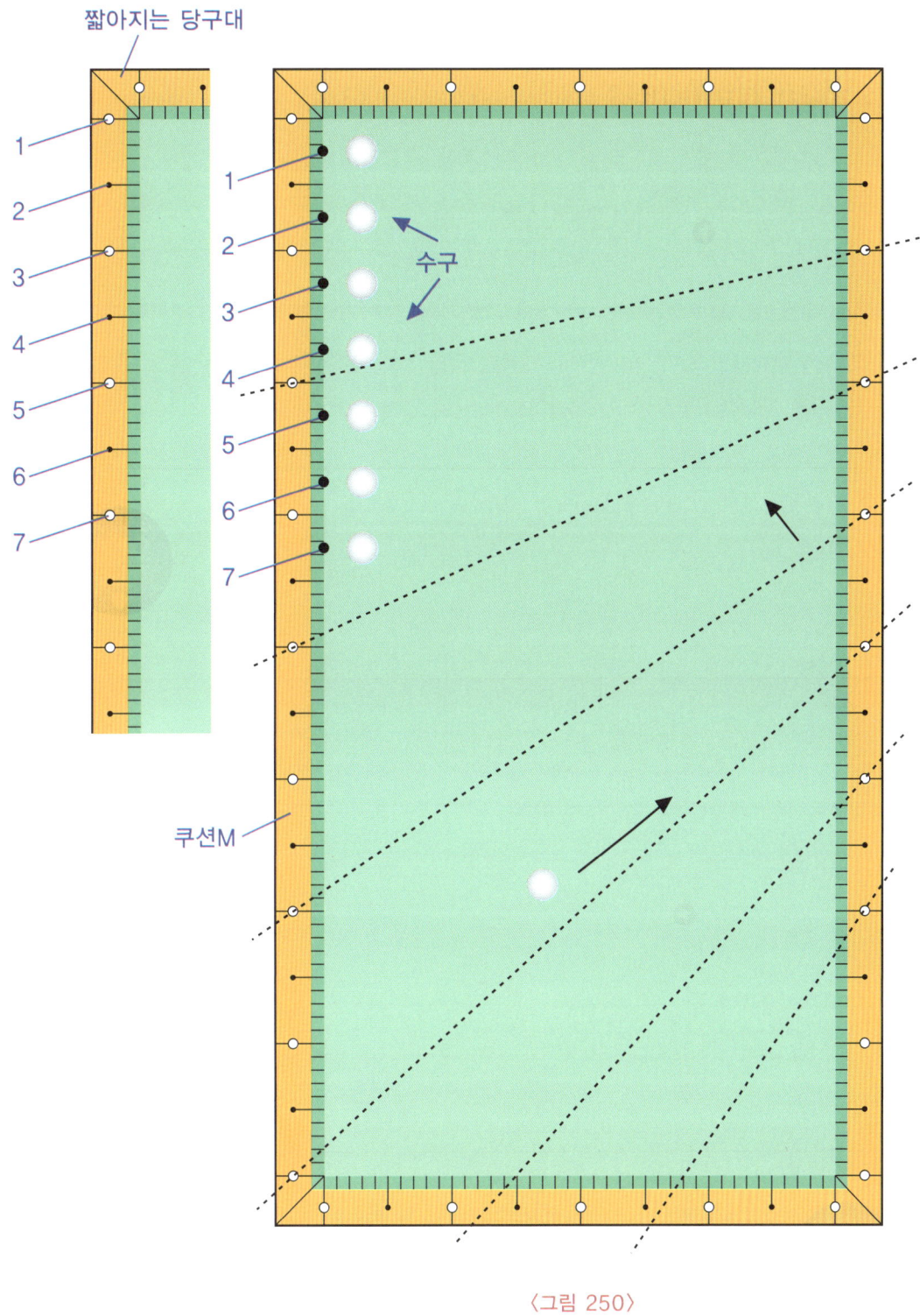

〈그림 250〉

당점 수(數)
Cue Ball Numbers

▶ 〈그림 251〉을 보면 별다른 설명 없이도 이해할 수 있을 것이다.

▶ 수구의 위치에 따른 당점의 변화에 관한 자료를 찾기가 만만치 않을 것이므로, 여기에서는 일단 오른쪽 그림을 기준으로 정한다. 3팁 당점은 '당점 수' 3이며, 맥시멈 옆당점(maximum side english)이 된다.

▶ '당점 수'는 '1적구 수'에 더해져 '당구공 수'가 된다.

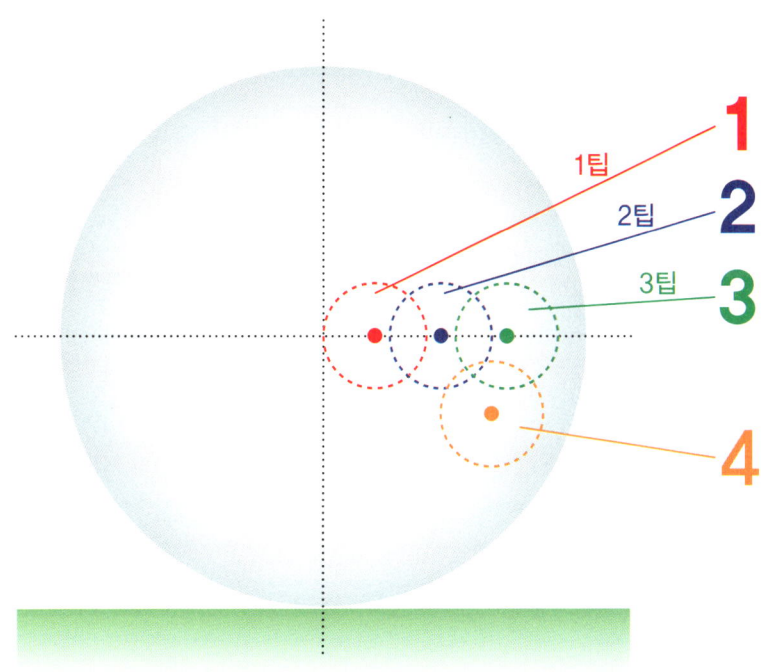

각 팁의 수

〈그림 251〉

1적구 수(數)
First Object Ball Numbers

▶ 〈그림 252〉는 수구와 1적구가 부딪히는 두께를 나타낸 것으로, 각 두께마다 숫자를 부여했다.

▶ 예를 들자면 1적구 수 1은 1/8두께를 나타낸다.
　　　　　　　1적구 수 2는 1/4두께를 나타낸다.
　　　　　　　1적구 수 4는 1/2두께를 나타낸다.
　　　　　　　1적구 수 7은 7/8 두께를 나타낸다.
　　　　　　　1적구 수 8은 1적구를 다(1/1) 맞춘 두께를 나타낸다.

▶ '1적구 수'는 '당점 수'와 더해져 '당구공 수'를 이루고, 최종적으로 '당구대 수'를 파악하는 데 사용된다.

※ 정리 : 당구대 수(라인 수+3쿠션 수)=당구공 수(1적구 수+당점 수)

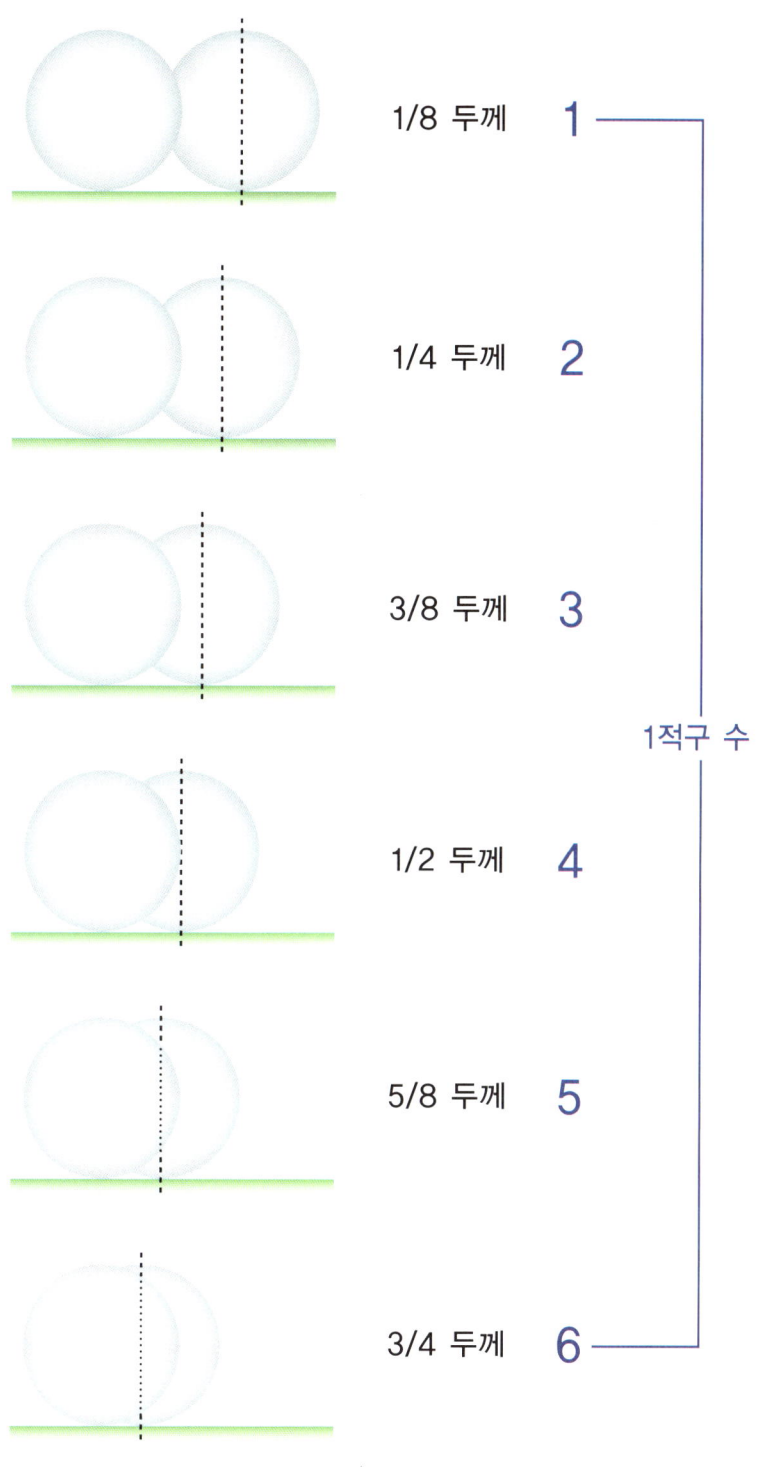

〈그림 252〉

볼 시스템의 예
Ball System Example

▶ 이제부터는 '당구대 수'와 '당구공 수'를 사용하여 수구의 진로를 계산하는 방법을 설명하겠다.

▶ 〈그림 253〉에서 '라인 수'는 4, '3쿠션 수'는 1이며 합계 5를 이룬다. 이 5가 바로 '당구대 수'가 된다.

▶ '당구공 수'와 '당구대 수'는 일치해야 하므로, 이제부터 합계 5가 되는 '당점 수'와 '1적구 수'의 조합을 찾아야 한다.

▶ 즉 가능한 조합은,
1적구 수가 1이고 당점 수가 4일 때,
1적구 수가 2이고 당점 수가 3일 때,
1적구 수가 3이고 당점 수가 2일 때,
1적구 수가 4이고 당점 수가 1일 때,
1적구 수가 5이고 당점 수가 0일 때,
1적구 수가 6이고 당점 수가 마이너스 1팁일 때이다.

▶ 선수 본인이 가장 편하게 느끼는 조합을 선택하라. 필자는 1적구 수 4와 당점 수 1의 조합을 선택하였다. 원하는 결과를 얻을 때까지 스트로크를 연습하라. 그 후엔 포지션 플레이를 생각하게 될 것이고, 필자가 선택한 조합을 사용하면 뒷공을 깔끔하게 세울 수 있을 것이다.

▶ 목적구 안쪽으로 돌리기의 진로와 목적구 바깥쪽으로 돌리기의 진로는 차이가 있다는 점을 명심하라. 안쪽 돌리기의 경우 0.5포인트 정도 각이 길어진다.

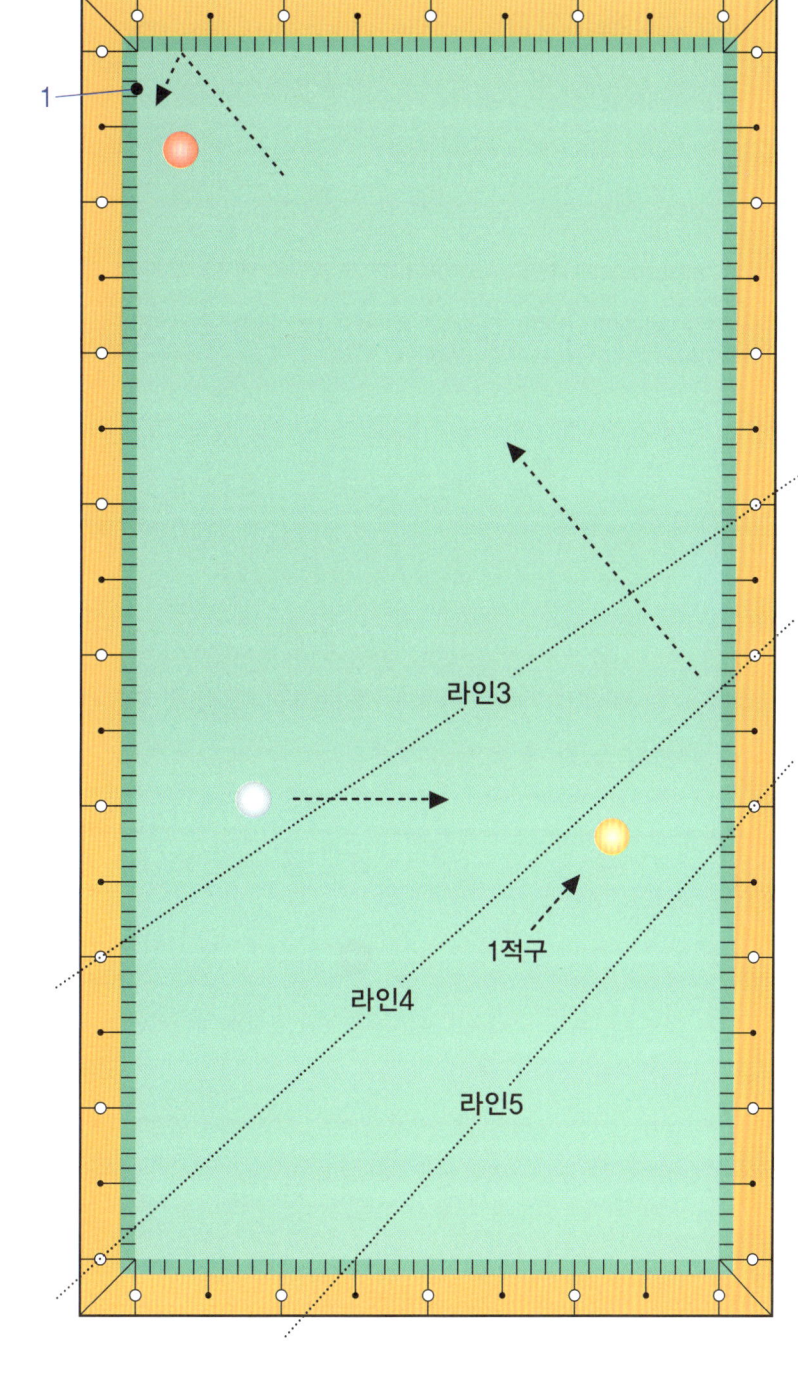

〈그림 253〉

스트로크의 예
Stroke Example

▶ 앞 페이지와 같은 그림을 이용해 스트로크에 관해 조금 더 자세히 알아보자.

▶ 포켓볼 선수들에게 1적구 수 4(1/2 두께)에 당점 수 1을 적용하여 오른쪽 그림을 샷해 보라고 하면, 대부분 큰 차이를 내며 비껴간다. 왜 그런 것일까?

▶ 포켓볼 선수들은 대부분 큐의 뒤를 살짝 든 채로 수구를 찌르는 경향이 있어서, 수구의 진로가 넓게 퍼진다. 그립을 너무 꽉 잡는 것도 좋지 못한 방법이다.

▶ 풀 팔로-스루 스트로크나 3/4 정도의 팔로-스루 스트로크가 적당하다. 큐는 평행을 유지해야 한다. 이때 스트로크는 느리고 부드러워야 하며, 팔로-스루의 기분을 느낄 수 있어야 한다.

▶ 잘못된 테크닉을 사용할 경우 1쿠션 지점이 크게는 1포인트까지 차이날 수 있다. 한번 체크해 보라.

▶ 몇 분만 연습해 보면 적절한 스트로크를 익힐 수 있을 것이며, 이후에는 자동으로 구사할 수 있게 된다.

▶ 큐를 평행하게 유지한다는 뜻은 브리지의 높이가 적절하다는 뜻이다.

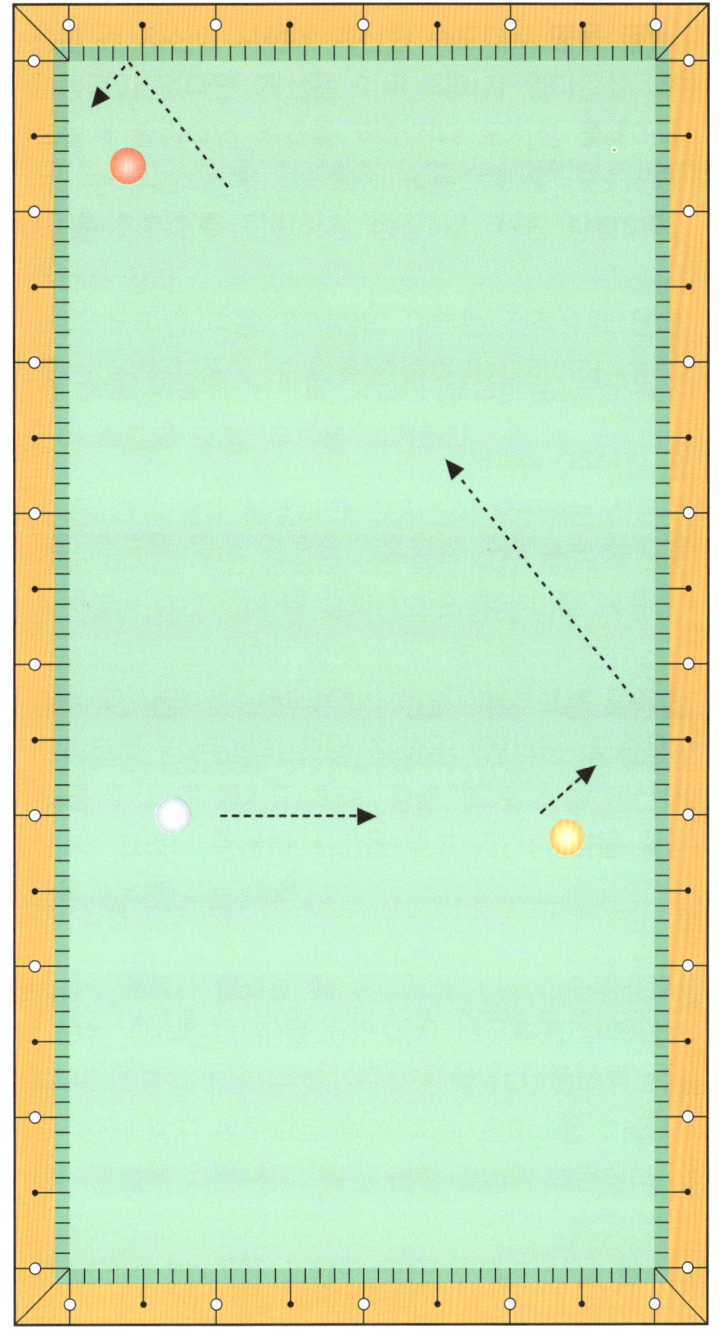

〈그림 254〉

라인1 구역
Tricky Line 1

▶ 이 구역은 문제가 발생하기 쉬운 구역이다. 쇼트앵글 샷의 경우는 매우 조심스럽게 샷해야 한다. 볼 시스템에는 이 구역의 문제를 다루기 위한 특별한 방법을 제시한다.

▶ <그림 255>에서 당구대 수는 3(라인 수 1, 3쿠션 수 2)이며, 공략법은 아래와 같다.

1. 당점 수 0, 1적구 수 3
2. 옆회전을 빼고 상단 2팁을 주면 입사각은 좁아진다. 당구공 수가 줄어들게 되므로 1적구 수를 3.5나 그 이상으로 늘려라. 상단 당점을 주는 것은 1팁 내지 1/2팁의 역회전 당점을 주는 것과 비슷하다.

※ 상단 2팁이 들어가면 수구에 커브가 발생하므로 입사각이 좁아진다.
　3쿠션 수가 1일 경우, 약간의 역회전을 적용해야 한다.
　3쿠션 수가 4일 경우, 약간의 옆회전을 적용해도 무방하다.

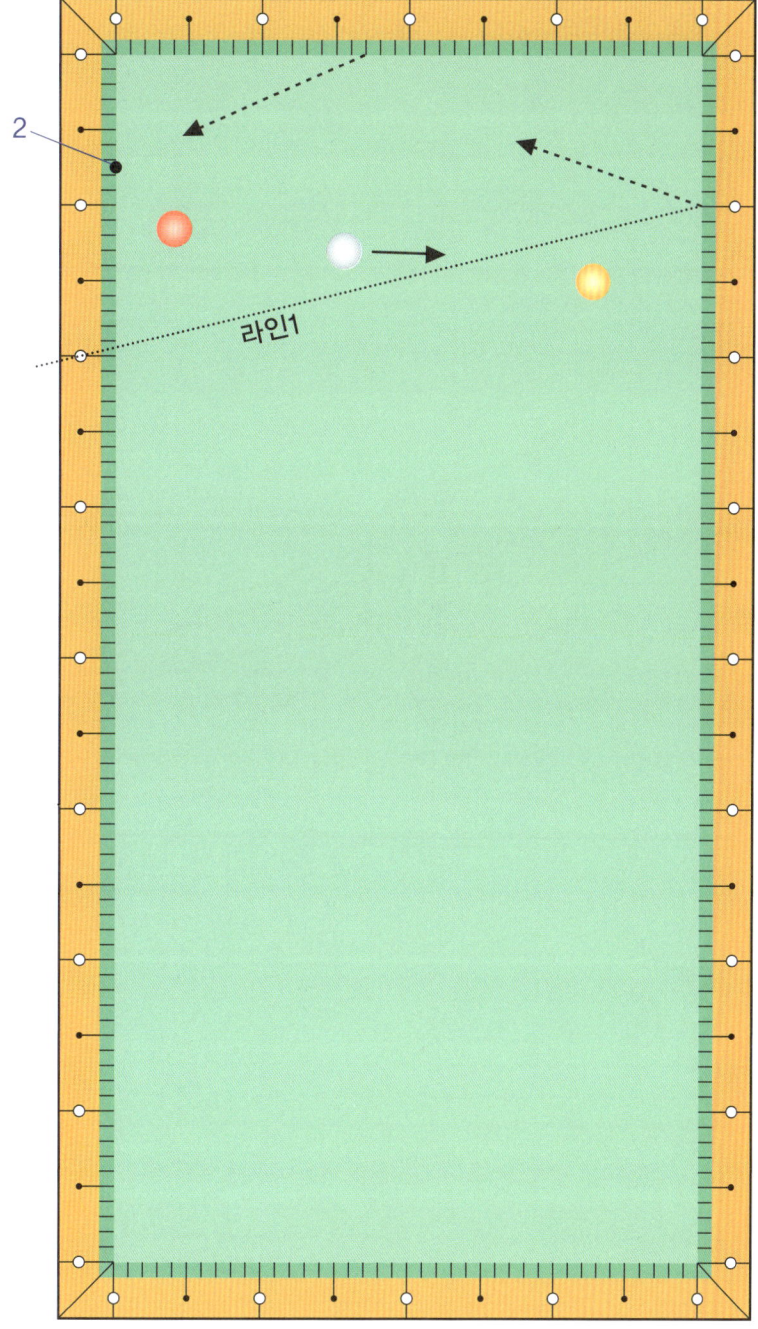

〈그림 255〉

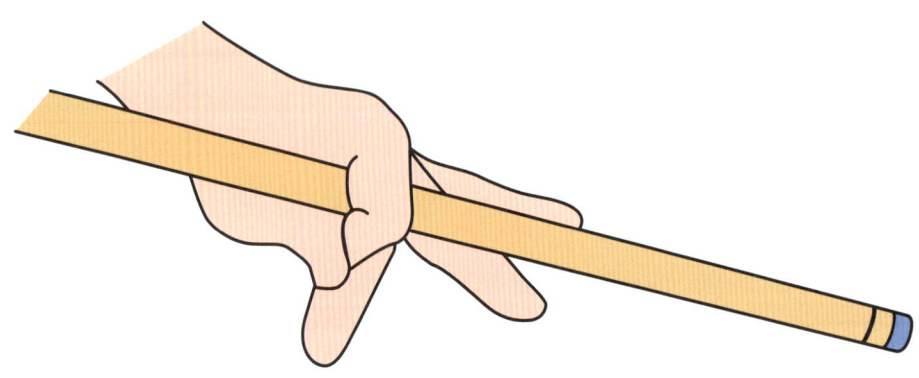

끊어치기의 샷의 브리지

〈그림 256〉

수구의 위치
Cue Ball Information

▶ 지금까지는 수구가 완벽한 포지션에 있을 경우에 대해서 소개했다. 지금부터는 수구가 다른 위치에 있을 때에 대해 이야기해 보겠다.

▶ 편의상 수구의 위치를 두 가지로 나누겠다. 하나는 수구가 1적구보다 내려와 있는 경우로, 득점을 위해서는 당점을 늘리거나 1적구를 더욱 두껍게 맞춰야 한다.

▶ 두 번째는 수구가 1적구보다 올라와 있는 경우로, 1적구를 얇게 맞추거나 당점을 줄여야 한다.

▶ 지금부터는 아주 천천히 세부적인 내용까지 소개할 것인데, 꾸준히 따라오면 좋은 결과가 있을 것이다. 처음에 연습할 때는 시간이 다소 오래 걸릴 것이나, 낙담할 필요는 없다. 점점 익숙해지면 15~20초 이내에 모든 계산을 마무리 지을 수 있을 것이다.

▶ 지금부터 소개할 공략법을 습득하면 여러분의 득점력은 배가 될 것이다. 여러분은 각 쿠션의 도달 지점 뿐만 아니라 그 지점으로 수구를 보내기 위한 볼 시스템도 알고 있다. 무엇을 더 바라겠는가?

수구의 교정
Cue Ball Alignment

▶ 수구는 당구대의 라인에 따라 1적구와 교정을 이루어야 하는데, 라인1과 라인2에서 특히 중요하다.

▶ <그림 257>에서 수구는 라인1, 4, 7을 따라 완벽한 포지션에 서 있다. 1적구와 평행을 이룬 채 상당히 근접한 거리에 위치해 있다.

▶ 하지만 수구가 이러한 위치에 서 있는 경우는 매우 드물다. 이제 다음 페이지부터는 수구의 위치가 변했을 때의 공략법에 관해 소개하겠다.

▶ 수구의 위치가 좋지 않을 때 계산을 시작하게 되는데, 이것이 바로 수구의 교정이다.

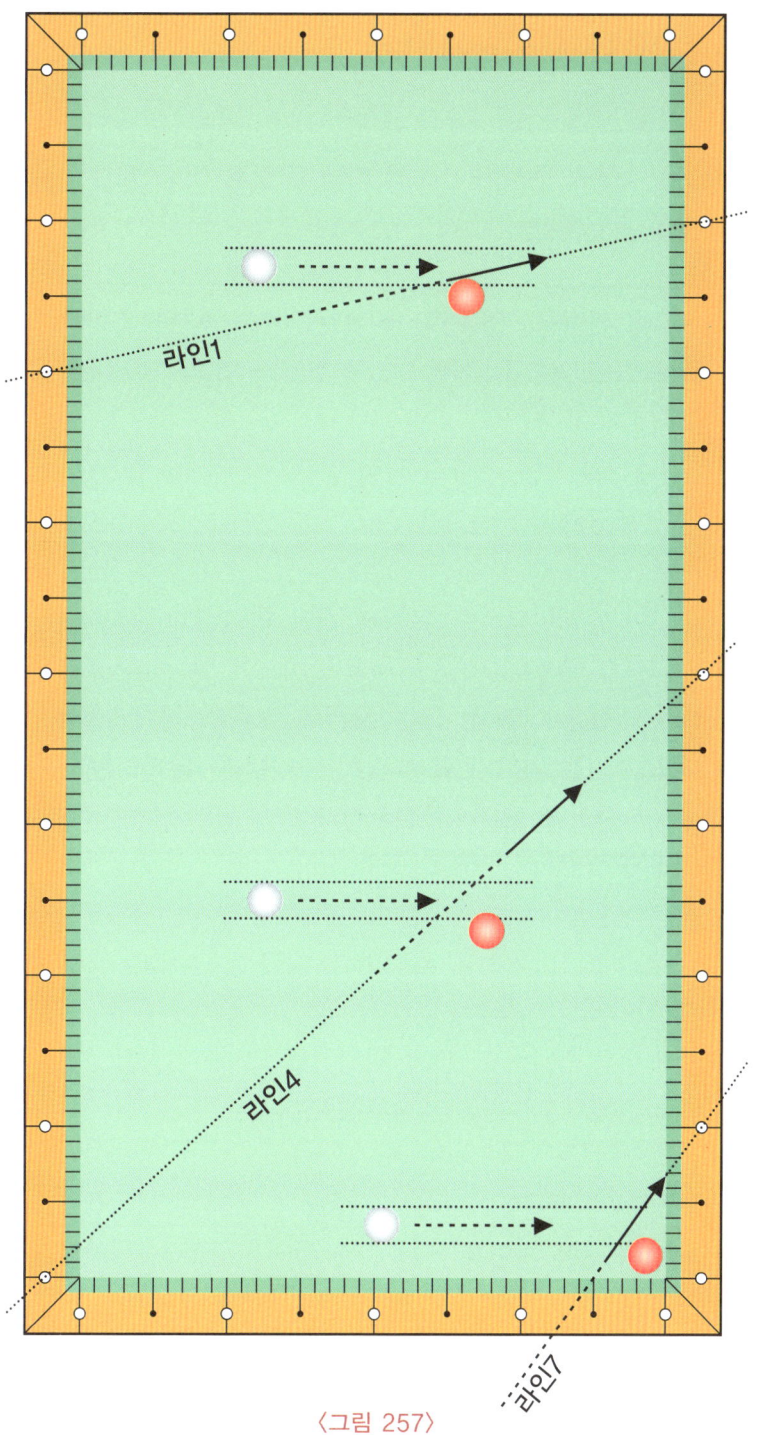

〈그림 257〉

마티노 선수의 오차 조정
Martinueau's Allowance

▶ 〈그림 258〉은 수구의 위치가 D에서 다른 곳으로 이동했다는 점을 제외하면 앞 장의 그림과 동일하다.

▶ 만일 수구가 D에 위치한다면 라인 수 4와 3쿠션 수 1이 더해져 당구대 수는 5가 된다. 이에 따라 당구공 수를 5로 조절하는 것은 간단하다.

▶ 하지만 그림의 위치에서는 수구의 당점과 1적구 두께를 늘려야 될 듯하다. 정확히 어느 정도 조정해야 하는가?

▶ 1992년 마이애미 뉴웨이브 당구장에서 열린 토너먼트 대회에서 필자는 캘리포니아 엘크 그루브 출신의 대럴 마티노(Darrell Martineau) 선수와 볼 시스템에 대하여 대화를 나눴다. 그는 오른쪽 그림의 공략법을 이렇게 소개했다. 우선 수구와 1적구 옆(수구와 부딪히는 부분)을 통과하는 가상의 선을 긋는다. 그리고 이 선과 접하는 M, N쿠션 지점을 찾는다. 오른쪽 그림에서 A, B가 될 것이다.

▶ 다음으로 A와 B 사이의 거리를 측정한다. 대략 2.5포인트 정도이다.

▶ 기존의 당구대 수인 5(수구가 D에 위치했을 때)에 조정값 2.5를 더하라. 이제 당구대 수는 5에서 7.5로 새로 조정되었다.

▶ 당연히 하단 당점을 적용해야 하므로 당점 수 4에 1적구 수 3.5, 또는 당점 수 3.5에 1적구 수 4를 조합해 보라.

▶ 세계 정상급 선수들이 이 샷을 성공시키는 모습을 관찰해 보라. 이제 쉽게 느껴지지 않는가?

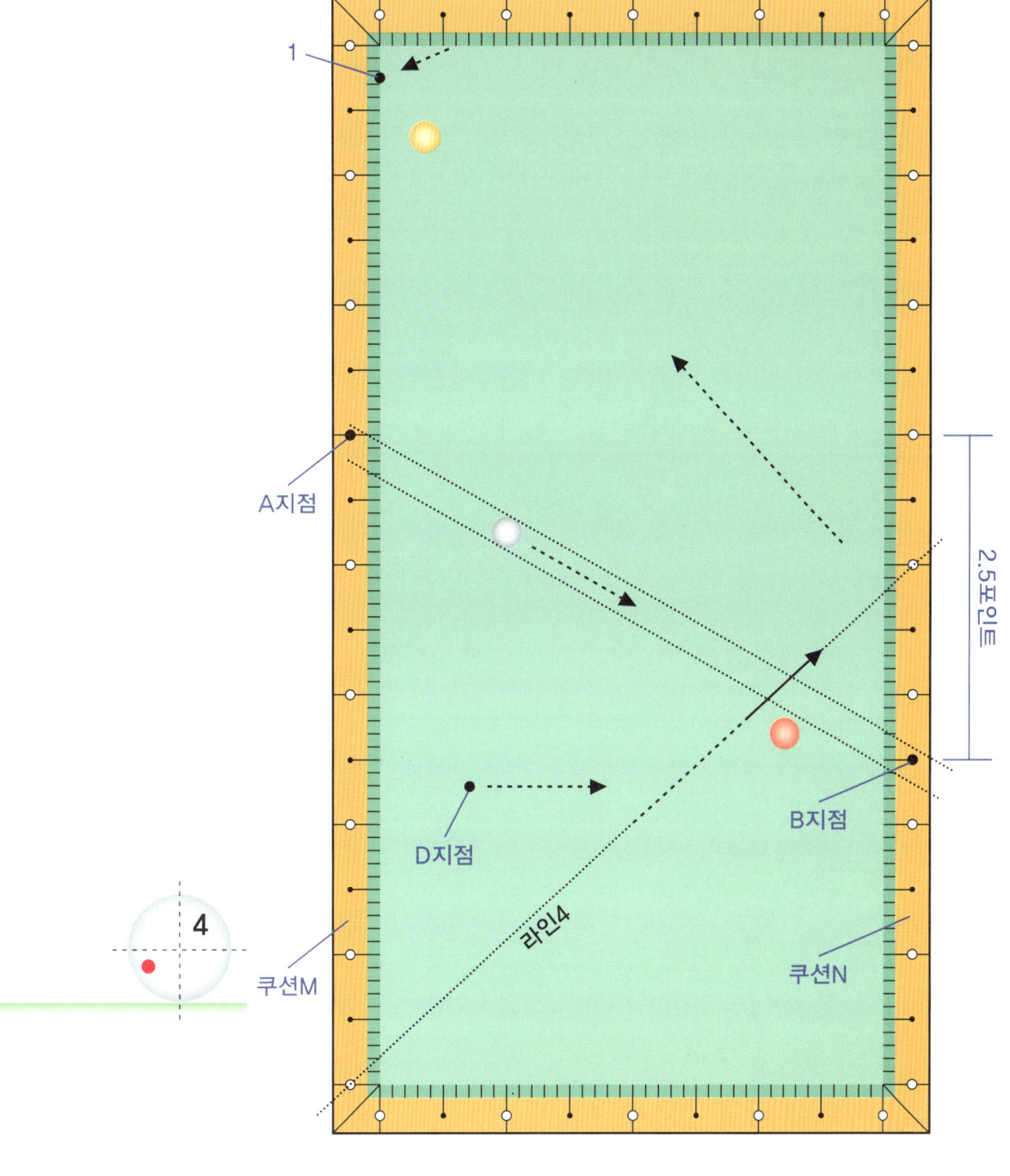

〈그림 258〉

오차 조정 2
Allowance Change

▶ <그림 259>는 수구가 1적구보다 올라와 있는 경우로, 회전은 줄이고 1적구 두께도 더 얇아야 한다.

▶ 앞 페이지에서 소개한 것과 같은 공략법을 사용하라.

▶ A와 B 사이의 거리는 2포인트이다. 기존의 당구대 수인 5에서 2를 빼야 하므로, 당구대 수는 3이 된다.

▶ 필자는 당점 수 1에 1적구 수 2를 적용하여, 부드럽게 팔로-스루한다.

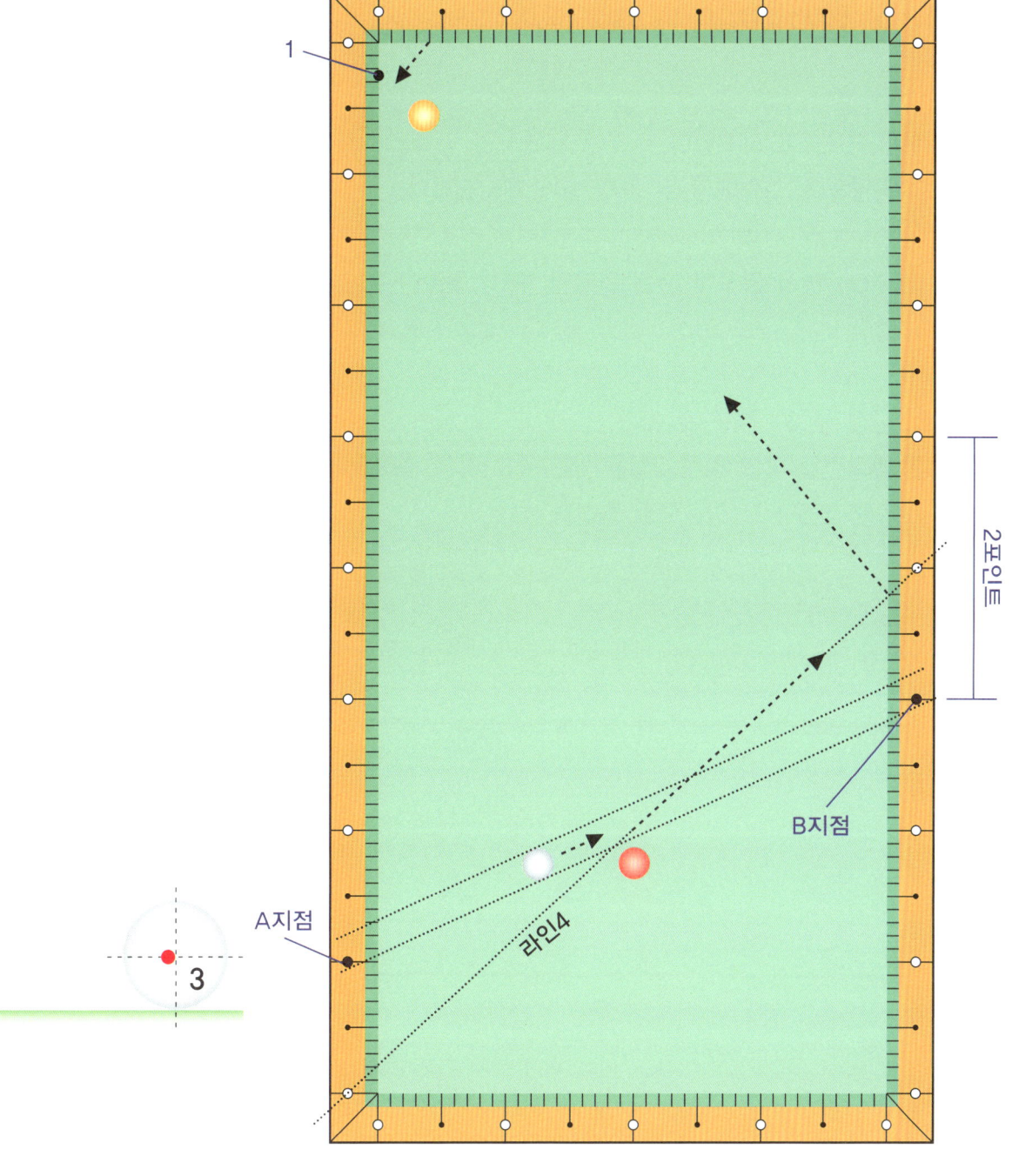

〈그림 259〉

장축에서 라인1 구역
Line 1 The Long Way

▶ 단축이 장축으로 바뀌었다는 것만 제외하면 앞 페이지 '라인1 구역'의 내용과 동일하다. 그림에서 두 가지 예가 제시되었다.

▶ 〈그림 260〉에서 당구대 수는 3(라인 수 1, 3쿠션 수 2)이며, 공략법은 다음과 같다.

   1. 당점 수 0, 1적구 수 3.
   2. 옆회전을 빼고 상단 2팁을 주면 입사각은 좁아진다. 고로 1적구 수를 3.5나 그 이상으로 늘려라.

※ 상단 2팁이 들어가면 수구에 커브가 발생하므로 입사각이 좁아진다.
   3쿠션 수가 1일 경우, 약간의 역회전을 적용해야 한다.
   3쿠션 수가 4일 경우, 약간의 옆회전을 적용해도 무방하다.

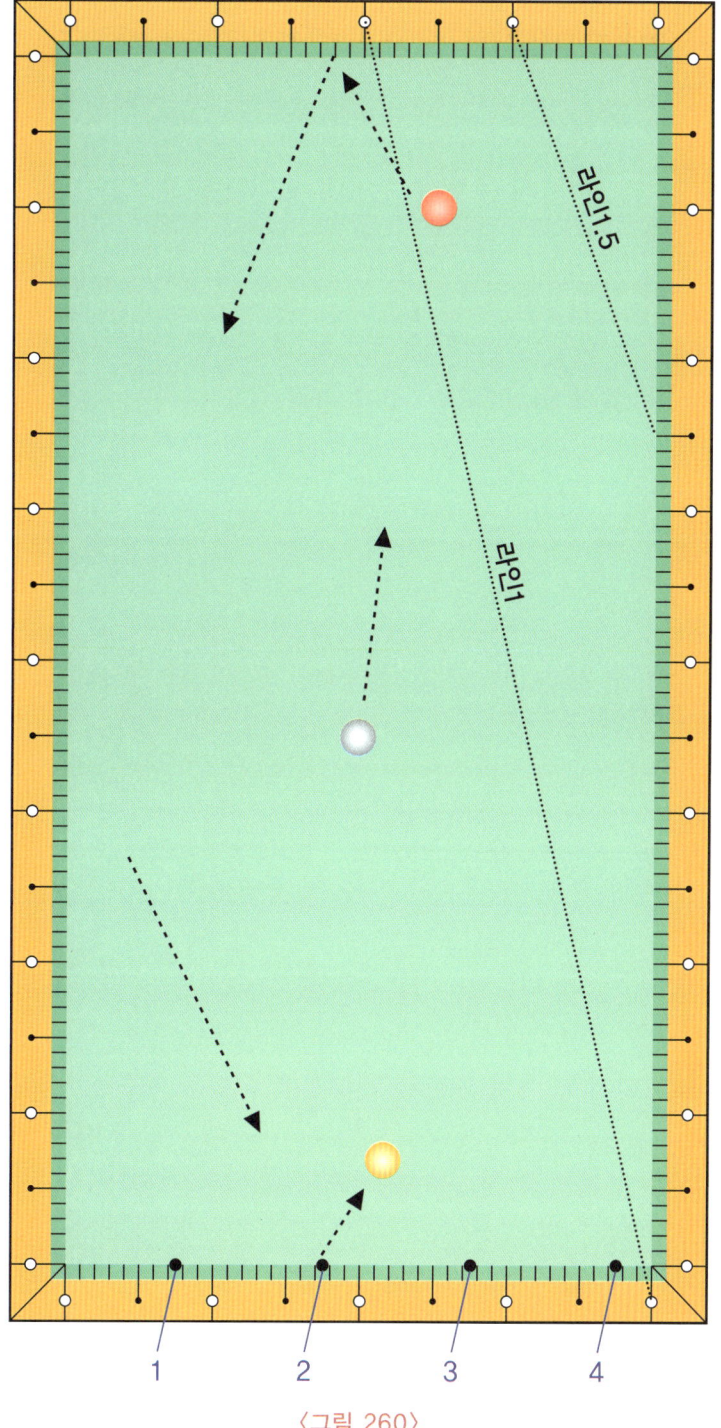

〈그림 260〉

A BALL SYSTEM

장축 라인의 응용
Long Way Example

▶ 이 페이지에서는 1적구의 두께와 수구의 옆회전을 조절하는 방법에 대해서 소개하고 있다.

▶ <그림 261>에서 수구는 1적구와 분리된 후 단축-장축-장축(N쿠션)으로 이동한다. 샷을 짧게 떨어뜨리는 것이 관건이다.

▶ 단축P를 연장시켜 가상의 단축을 만들었고, 이에 따라 3쿠션 수는 5, 6, 7로 늘어난다.

▶ 수구의 진로를 눈으로 그려 본 후 예상 2쿠션 지점을 측정해 보자. 이 지점을 X라고 가정한다.

▶ X에 서서 3쿠션 지점(N쿠션)을 바라보라. 그리고 이 선을 가상의 단축P에 맞닿은 지점까지 연장시켜 3쿠션 수를 찾자. 오른쪽 그림에서는 5가 된다.

▶ 가상의 3쿠션 수 5에 라인 수 1을 더하면 당구대 수는 6이 된다.

▶ 1적구 수 3과 당점 수 3의 조합을 적용하면 적당할 것이다.

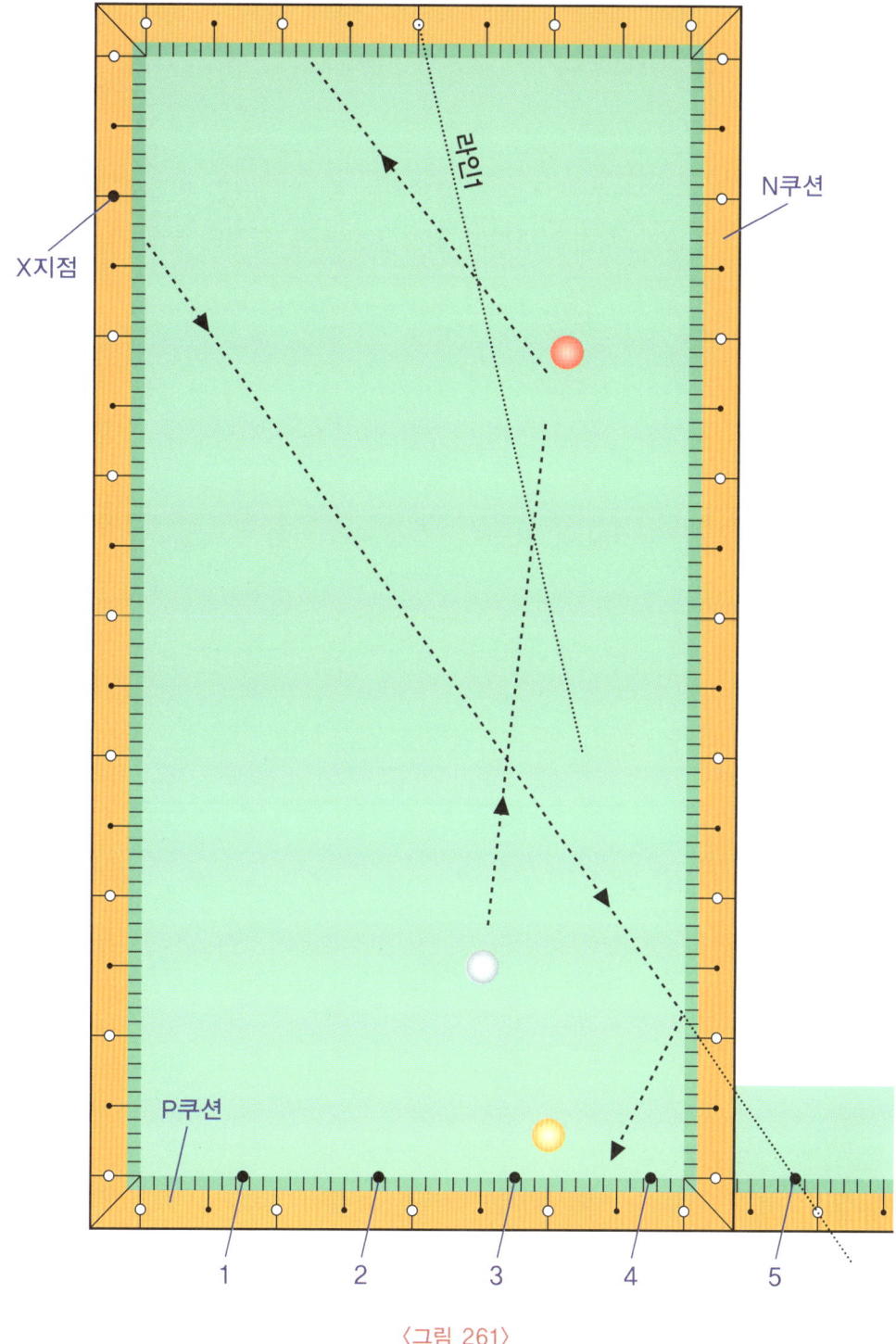

〈그림 261〉

A BALL SYSTEM

디크만 선수의 비법
Long Way Dennis

▶ **데니스 디크만** 선수는 N쿠션 지점을 결정하는 짧고 간략한 방법을 알고 있었다. 그는 〈그림 262〉처럼 N쿠션에 일정한 숫자를 부여해 놓았다.

▶ N쿠션에 부여된 숫자는 곧 당구대 수이다.

▶ 예 : 떨어뜨리고자 하는 N쿠션 지점이 7일 경우 이것이 당구대 수가 된다.

▶ 고로 당구공 수도 7이 되어야 하므로, 1적구 4와 당점 수 3을 적용해 보라.

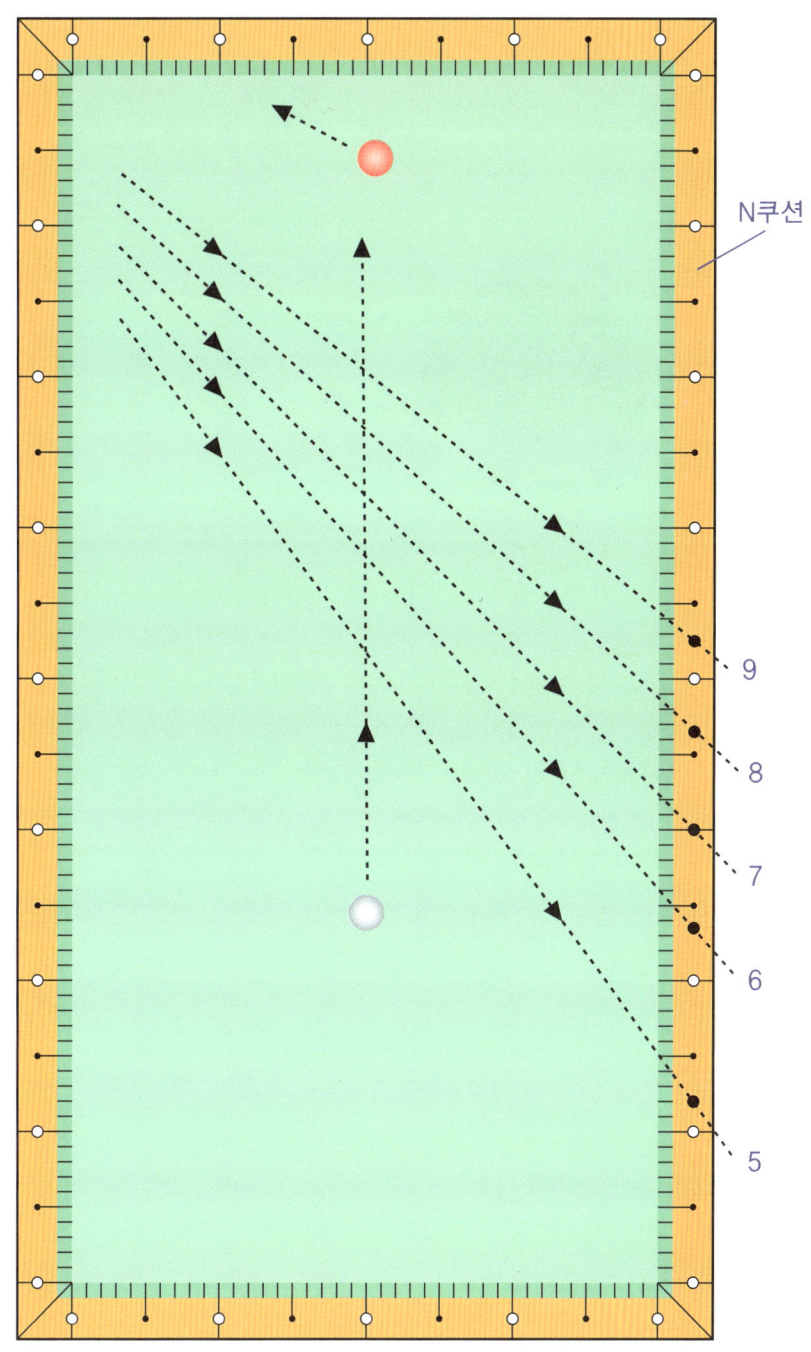

〈그림 262〉

머리의 위치

〈그림 263〉

고수들의 조언
Words From Above

자신의 무덤까지 당구 비밀을 가지고 가는
사람은 성격상 문제가 있다.

- 해리 심스(Harry Sims) -

Billiard
ATLAS

Billiard ATLAS Chapter 7

데드볼
Dead Ball

이 장에서는 다양한 형태의 데드볼 샷에 관해 짤막하게 소개하고 있다. 데드볼을 응용한 엄브렐라 시스템과 **주니치 고모리** 선수의 초이스, 그리고 데드볼 샷의 진로에 대한 세부적 분석이 담겨져 있다.

럭키 세븐 시스템에서 소개하고 있는 3쿠션, 4쿠션 지점의 진로는 정말 위대한 발견이라 할 수 있다. 이제 여러분은 3쿠션 지점을 명확히 짚어낼 수 있을 것이다.

- 고모리 선수의 테크닉
- 럭키 세븐 데드볼 시스템
- 단축에서의 럭키 세븐
- 에버리지에 관하여
- 엄브렐라 시스템의 변형
- 럭키 세븐 시스템 2
- 단축에서의 럭키 세븐 2

고모리 선수의 테크닉
More Komori

▶ **주니치 고모리** 선수는 이 훌륭한 테크닉을 발전시켜 당구계 전체에 큰 기여를 했다. 필자는 뉴욕 호텔 로비에서 **고모리** 선수와 만나 짧게 이야기를 나눴는데, 그때 고모리 선수가 이 테크닉에 대해 소상히 알려 주었다.

▶ <**그림 264**>와 같은 배열을 공략할 때 **고모리** 선수는 수구를 컨트롤하여 데드볼 시스템의 선을 최대한 활용하려고 한다.

▶ **고모리** 선수는 대략의 1적구 두께와 수구의 당점에 대해 설명해 주었다. 큐는 평행을 유지한 채 팔로-스루 스트로크를 사용했다.

▶ 이 테크닉은 언뜻 보기엔 쉬워 보이지만, 각 상황마다 정확히 어떤 두께, 당점, 타법으로 공략해야 하는지 즉각 생각해 내는 것이 만만치는 않다.

▶ 이제부터 여러분이 평생 간직할 수 있는, 이 테크닉의 몇 가지 원리에 대해 설명하겠다.

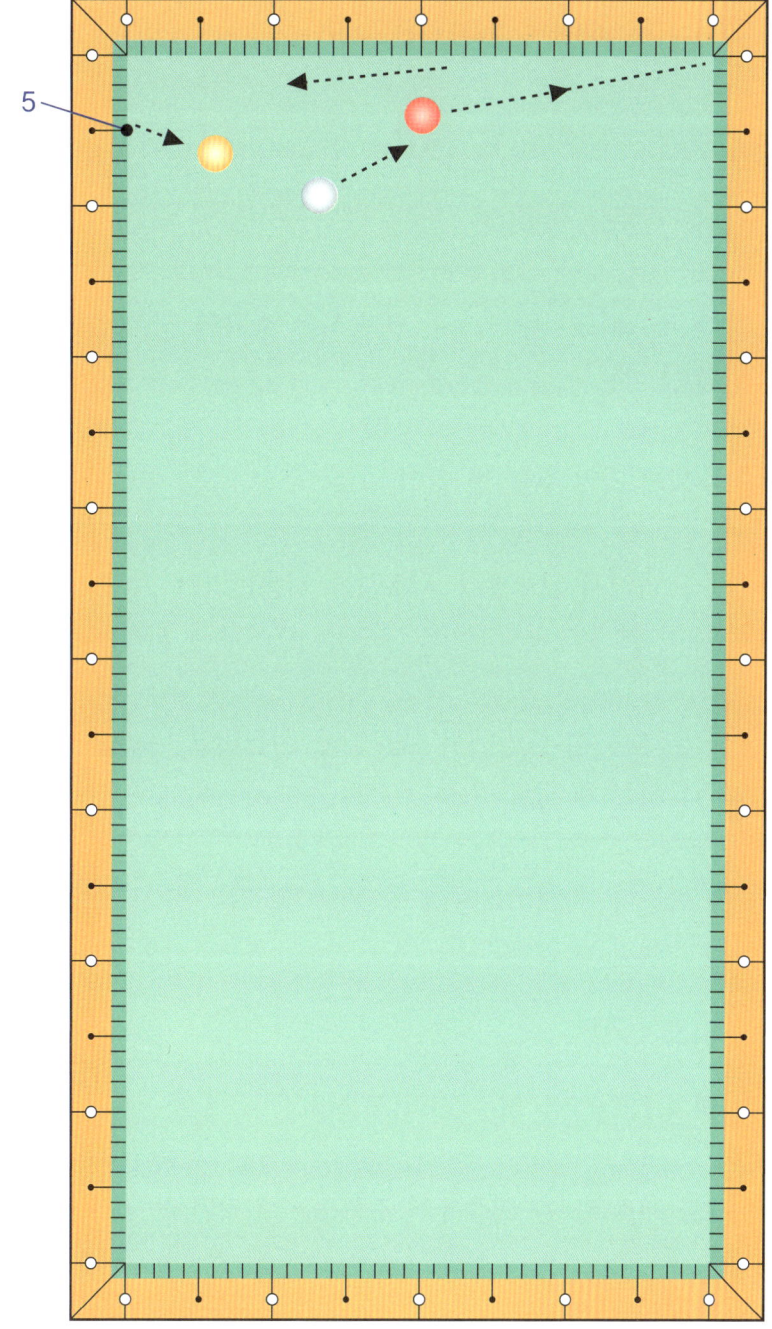

〈그림 264〉

엄브렐라 시스템의 변형
Umbrella Shot Variation

▶ 이 시스템을 최대한 활용하면 까다로운 엄브렐라 배열의 공을 득점하기가 조금 더 수월해질 것이다.

▶ 〈그림 265〉에 표시된 라인은 바람직한 수구의 진로이다(1적구와 부딪히는 면이 기준).

▶ 수구 수에서 라인 수를 뺀 값이 바로 1쿠션 지점이다.

▶ 오른쪽 그림에서 엄브렐라 시스템을 사용한다면, 수구 수는 40이고 라인 수는 30이 될 것이다. 고로 40-30=10, 1쿠션 지점은 10이 된다.

▶ 수구의 당점은 정 중앙에서 1팁 정도 상단이고, 속도는 5이다. 물론 큐는 평행을 유지한 채 팔로-스루 스트로크를 사용해야 한다.

▶ 수구의 속도나 쿠션(running english)에 따라 수치가 달라질 수 있으므로 약간의 조정이 필요하다.

▶ 예를 들어 라인10의 경우 1쿠션 지점은 30이 되어야 하지만, -2 정도 조정을 하여 28을 겨냥하는 것이 적절하다.

▶ 당구대를 테스트하는 과정에서 조정값은 결정된다.

▶ 당구공의 상태도 양호해야 한다. 그렇지 않을 경우 계산에 문제가 발생할 것이다.

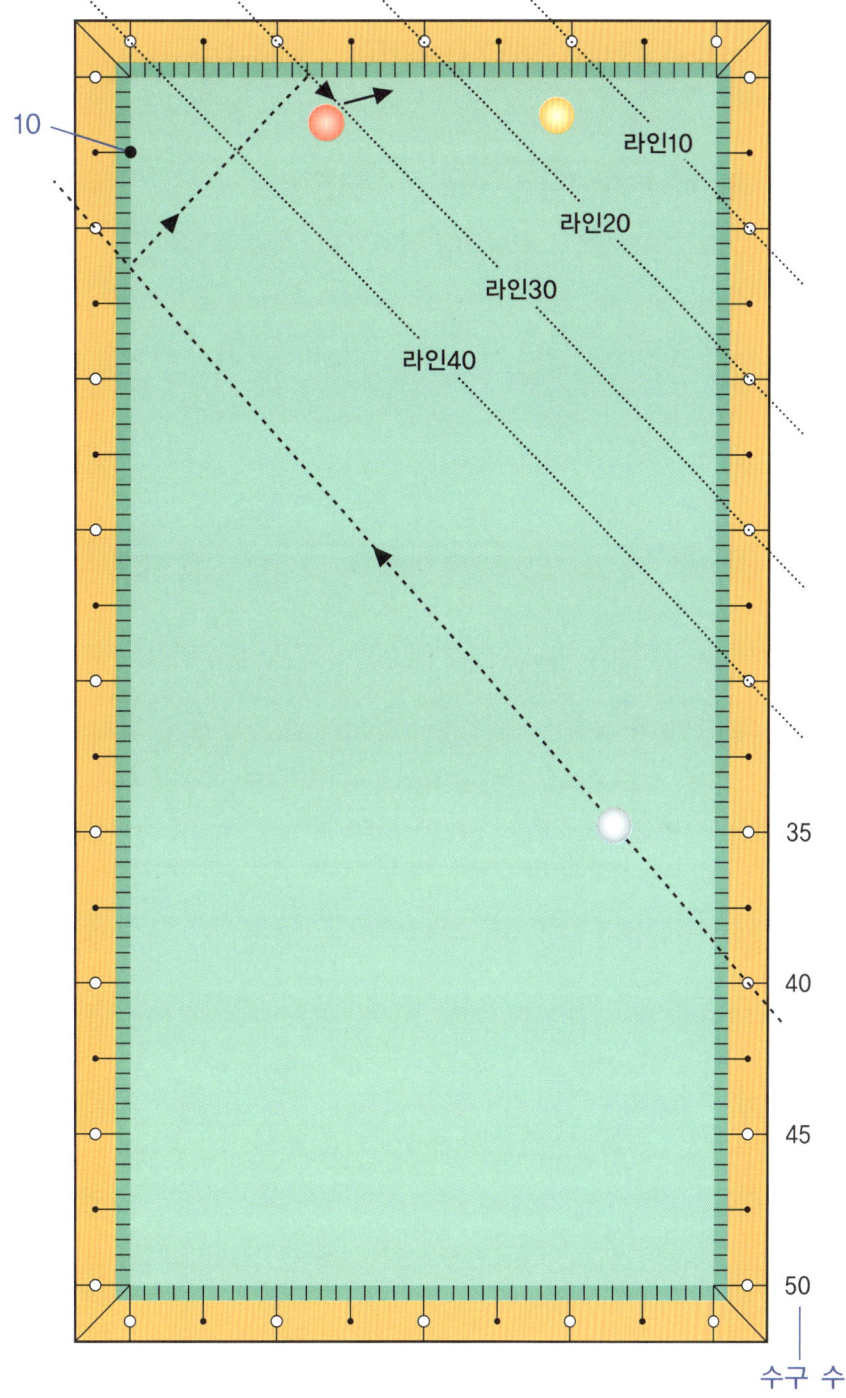

〈그림 265〉

DEAD BALL

럭키 세븐 데드볼 시스템
Lucky Seven Dead Ball System

▶ 이 환상적인 시스템을 사용하면 까다로운 공을 쉽게 풀어낼 수 있으며, 득점에 성공할 경우 상대방은 조용해질 것이다.

▶ 이 시스템은 당구공과 당구대가 최상의 상태인 곳에서 만들어졌으니, 장비의 상태가 좋지 않을 경우 알맞게 조정하기 바란다.

▶ <그림 266>에서 수구 수는 A, 1쿠션 지점은 2, 3쿠션 지점은 R이며 **변화폭**(A-R의 거리)은 1.6포인트이다.

▶ 스트로크가 매우 중요한데, 데드볼 잉글리시(노잉글리시)를 적용하여 뱅킹할 때처럼 **부드럽게 굴려라**. 당점은 상단에 두고 짧은 브리지와 짧은 팔로-스루 스트로크를 적용하라. 그리고 3쿠션에서 4쿠션으로 이동하는 선은 매우 중요하니 꼭 암기하기 바란다.

▶ <그림 267>에서는 수구의 위치가 바뀌었을 때의 변화폭을 나타내며, 모두 암기해야 한다.

▶ 조 벤트렐리(Joe Ventrelli) 선수와 필자가 1992년 4월 플로리다 코코아 해변에서 이 시스템의 트랙을 발견하였다.

▶ 지금까지 이 시스템에 대한 정보는 일반인들에게 알려지지 않았으며, 아는 사람만 아는 비밀이었다.

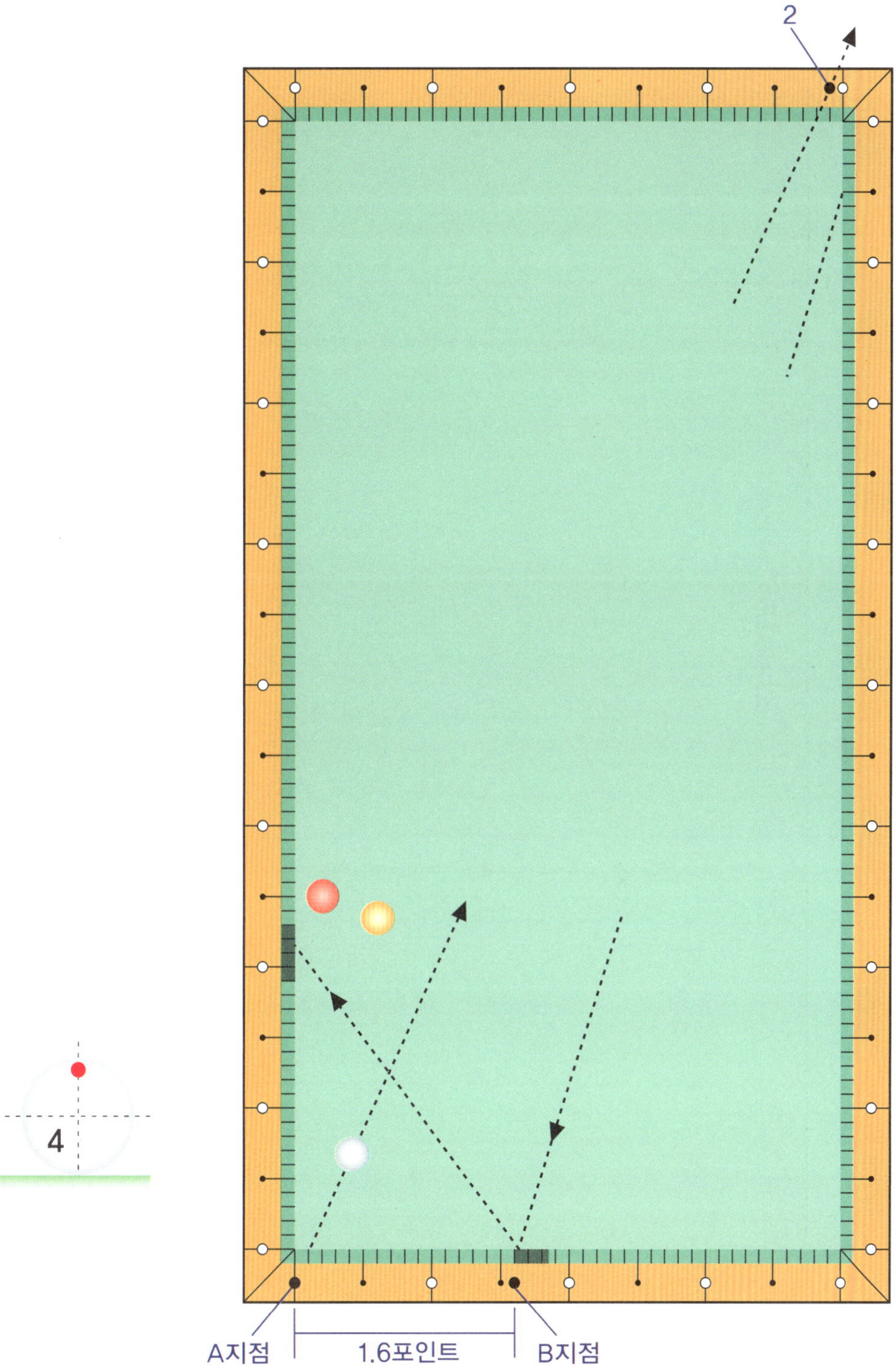

A지점 | 1.6포인트 | B지점
〈그림 266〉

DEAD BALL 167

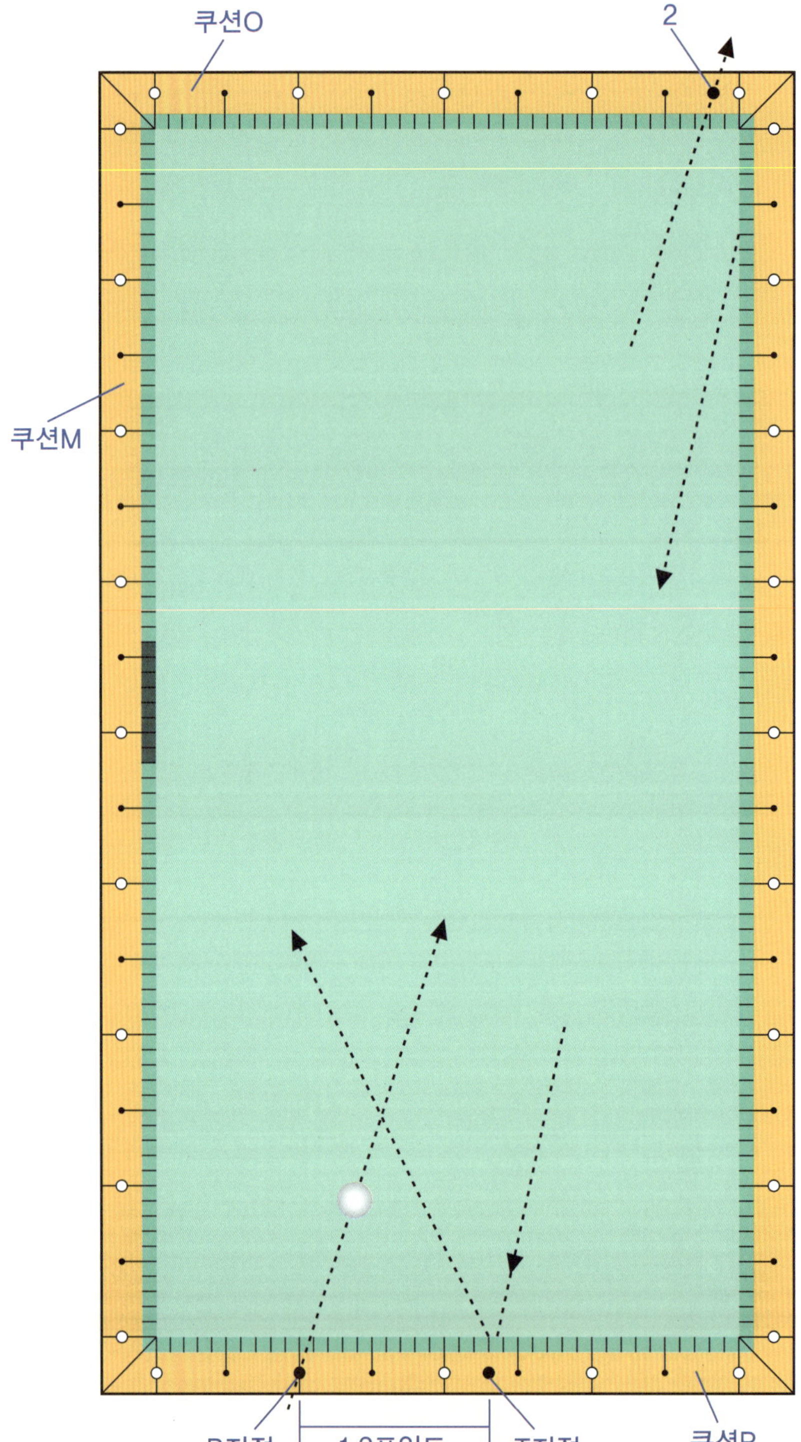

쿠션O

2

쿠션M

B지점 1.3포인트 T지점 쿠션P

〈그림 267〉

168　**BILLIARD ATLAS** 시스템과 테크닉에 관한 연구

28페이지에서 소개한 뉴욕 바비 시스템과 연계시켜 활용하면 수만 가지의 롱앵글 트랙을 파악할 수 있을 것이다.

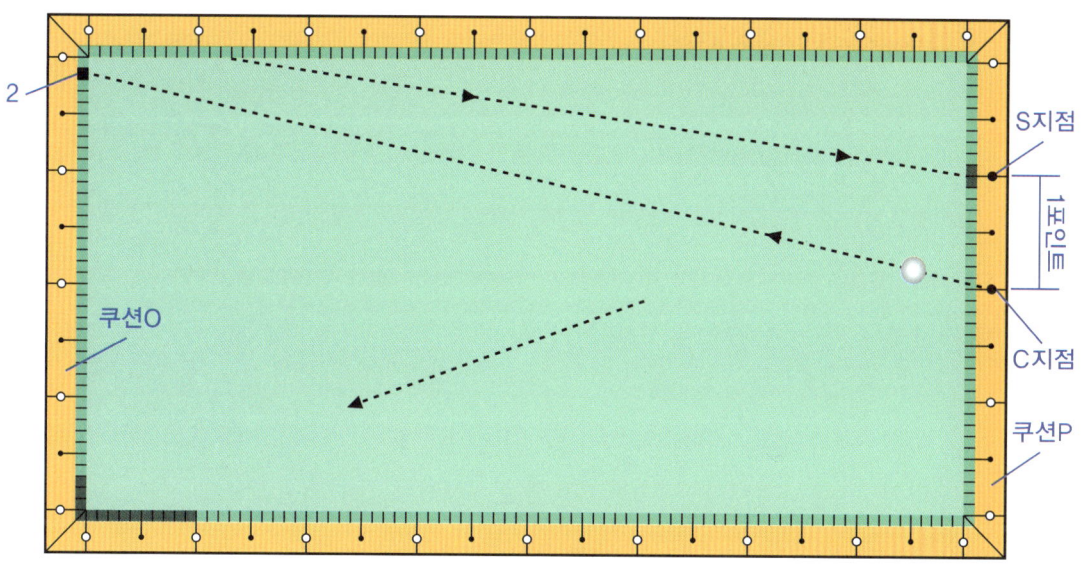

〈그림 268A〉

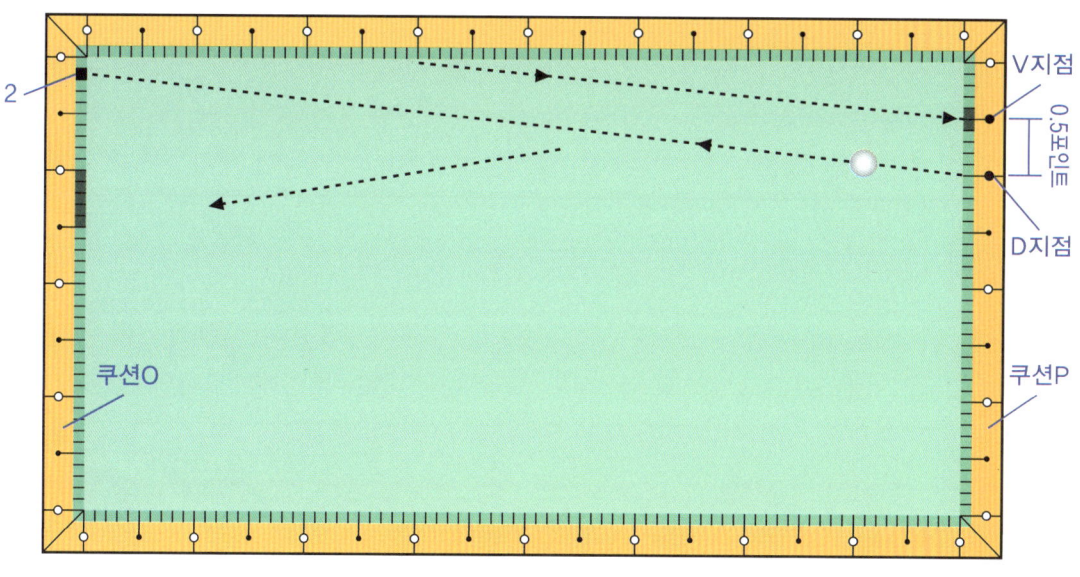

〈그림 268B〉

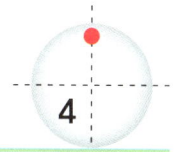

관중들의 박수갈채를 받고 싶은가? 1적구와 부딪힌 후 수구를 위의 트랙을 따라 보내라. 익숙해지면 그림처럼 좁은 각이 쉽게 느껴질 것이다. 평범한 초이스 대신에 이 모험적인 초이스를 감행한다면 관중들은 환호할 것이다.

럭키 세븐 시스템 2
More Lucky Seven

▶ 〈그림 269〉에서 수구 수는 A이고 3쿠션 지점은 X이다. 수구가 매우 까다로운 위치에 서 있다.

▶ 이 난구를 공략하는 방법은 다음과 같다.

1. 수구 수 A에서 1쿠션 지점 2를 겨냥했을 때의 기준 변화폭을 찾아라. P쿠션에서 1.6포인트(R)가 될 것이다. 하지만 우리가 찾는 3쿠션 지점은 X이다.
2. R과 X 사이의 거리를 측정하라. 대략 10이다.
3. 새로운 1쿠션 지점을 찾기 위해 10에 7/10을 곱하라. O쿠션에서 기존의 1쿠션 지점인 2에 조정값인 7을 더하면 된다.
4. 새로운 1쿠션 지점은 9가 된다.
5. 조정값을 구할 때는 항상 7/10을 곱해야 한다.

▶ 럭키 세븐 시스템은 빈쿠션 돌리기에 자주 사용된다.

▶ 또한 1적구를 맞히고 난 후 수구의 진로를 예측할 때도 참고하여 사용할 수 있다(수구에 옆회전이 작용하지 않는 경우에 한하여).

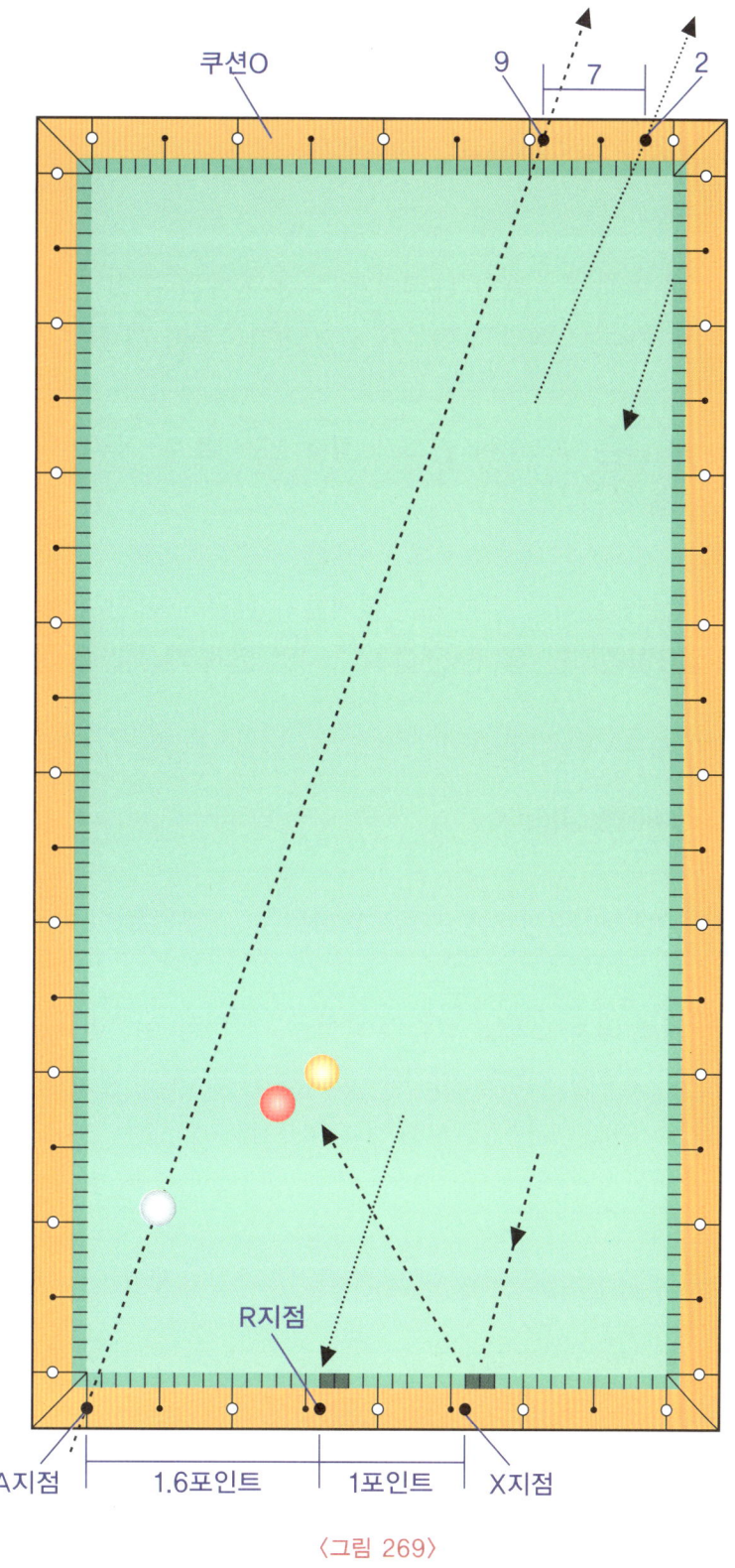

〈그림 269〉

DEAD BALL

단축에서의 럭키 세븐
Seven The Short Way

▶ 이 페이지에서 소개할 내용은 앞에서 소개한 럭키 세븐 데드볼 시스템과 동일한 것으로, 좁은 구역에서 적용된다는 점만 다르다.

▶ 여기서 좁은 구역이란 단축과 장축 2포인트로 이루어진 구역을 의미한다 (그림 참조).

▶ 각 쿠션의 숫자가 절반으로 줄어들기 때문에 계산하는 데 집중력이 조금 더 필요하겠지만, 몇 번 연습하고 나면 쉽게 계산할 수 있다.

▶ <그림 270>에서 수구 수는 A이고 1쿠션 지점은 1(N쿠션 상), 3쿠션 지점은 R(M쿠션 상)이다.

▶ 수구 수에서 3쿠션 지점으로의 변화폭은 0.8포인트이다(A와 R 사이의 거리).

▶ 뒷장에 이어서 소개될 그림의 내용은 더 이상 설명이 필요 없는 자명한 내용이며, 4쿠션 지점을 암기해 놓으면 여러 가지 계산을 하는 데 주요하게 쓰일 수 있다. 또한 3쿠션에서 4쿠션으로 이어지는 선도 필요할 때가 많다.

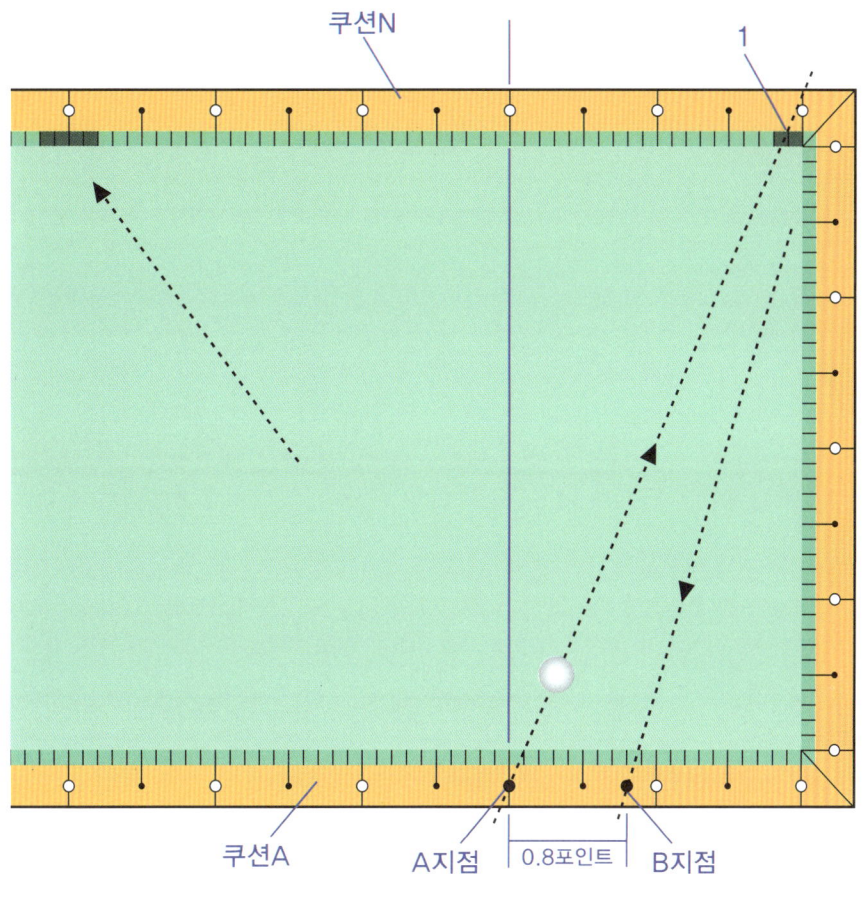

〈그림 270〉

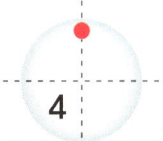

위의 그림에 나타난 3쿠션-4쿠션 트랙을 암기하고, 다음 페이지에서 소개할 그림에 그대로 적용해 보라. 트랙을 대략 파악할 수 있을 것이다. 3쿠션 지점은 놀랄 정도로 정확할 것이다.

DEAD BALL

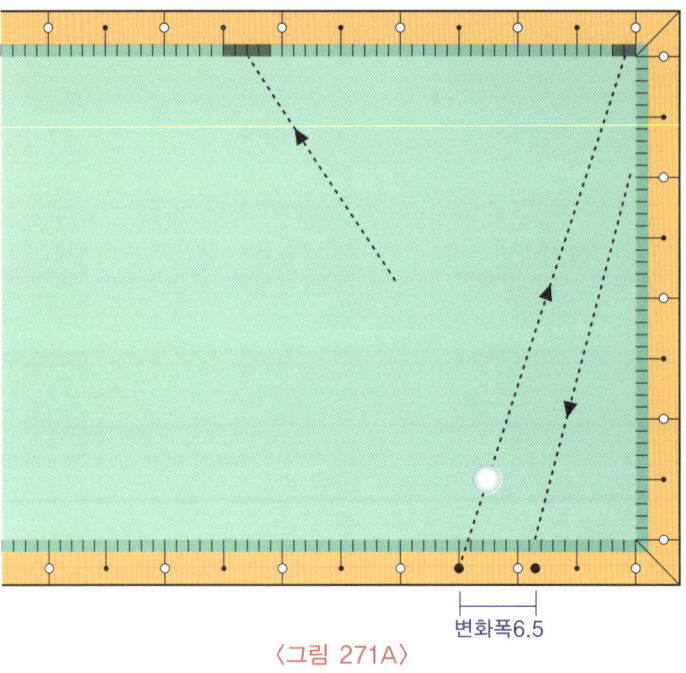

변화폭6.5

〈그림 271A〉

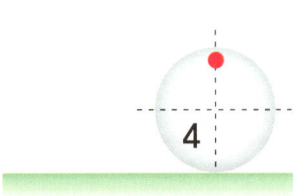

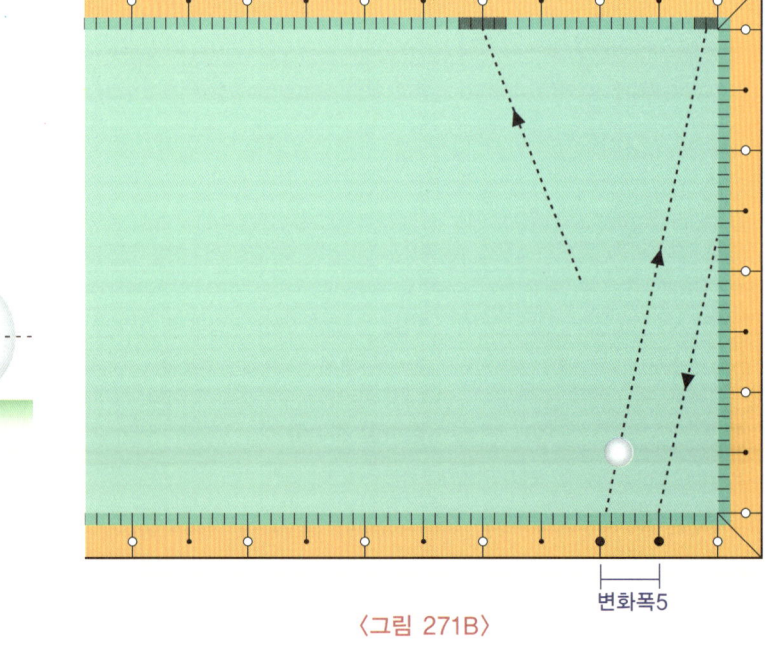

변화폭5

〈그림 271B〉

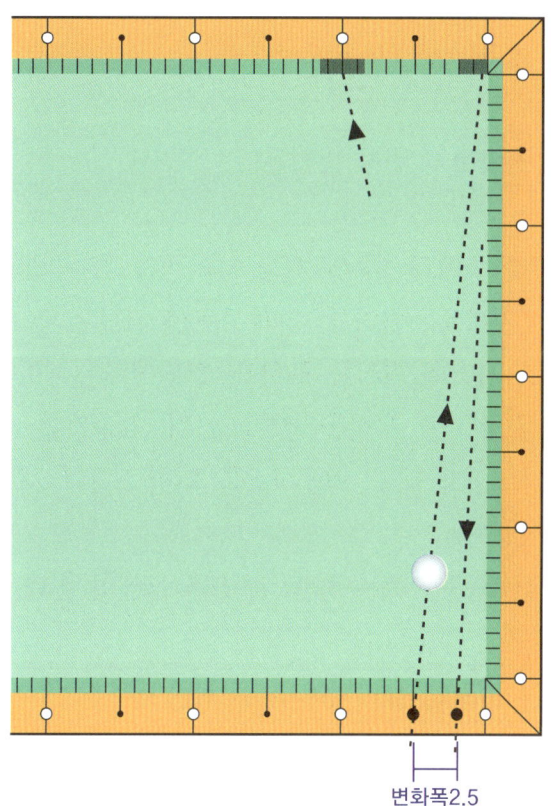

변화폭2.5

그림에서 소개한 몇 가지 선들은 "시드 시스템"
(『빌리어드 아틀라스 1권』)과 환상적인 조합을 이룬다.

〈그림 272〉

DEAD BALL

단축에서의 럭키 세븐 2
More Lucky Seven Short Way

▶ 〈그림 273〉에서 수구 수는 A이고 3쿠션 지점은 X이다. 하지만 수구의 위치가 좋지 않다.

▶ 이 난구를 공략하기 위한 방법은,

   1. 수구 수 A에서 1쿠션 지점 1을 향해 쳤을 때 기준 변화폭을 찾아라. 변화폭은 8이고, 이때 3쿠션 지점은 R이다.
   2. R과 X 사이의 거리를 구하라. 그림에서는 6이다.
   3. 새로운 1쿠션 지점을 찾기 위해 조정값을 찾아야 한다. 6×7/10=4.2가 되고, 1에 4.2를 더한 5.2가 새로운 1쿠션 지점이 된다.
   4. 조정값을 구할 때는 항상 7/10을 곱해야 한다.

▶ 이 시스템은 빈쿠션 돌리기에 자주 사용된다.

▶ 또한 1적구를 맞히고 난 후 수구의 진로를 예측할 때도 참고하여 사용할 수 있다(수구에 옆회전이 작용하지 않는 경우에 한하여).

▶ 『빌리어드 아틀라스 1권』에서 소개한 시드 시스템과 더불어 수구의 진로를 계산하는 데 사용할 수 있다.

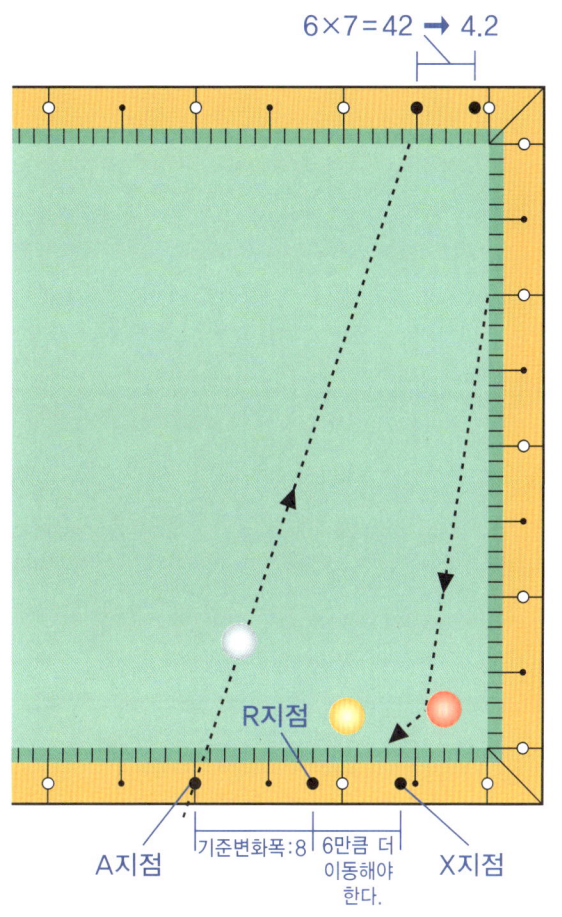

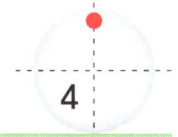

〈그림 273〉

DEAD BALL

시스템
SYSTEMS

어떤 목적을 위한
질서있는 생각 체계

에버리지에 관하여
Averages

- 필자가 프랑스에 방문했을 때, 칸(Cannes)에서 열린 당구대회에서 선수들 간의 스포츠맨쉽을 느낄 수 있는 광경을 목격했다.

- 리차드 비탈리스(에버리지 1.33) 선수가 에버리지 0.6인 선수와 경기를 했다. 물론 비탈리스 선수가 이겼지만, 상대 선수가 경기 에버리지 0.85를 기록하며 관중들에게 박수를 받았다. 비탈리스 선수도 상대 선수에게 악수를 청하며, 중요한 건 승패가 아니라 경기 수준이라고 말했다.

- 에버리지를 계산하는 것은 당구계에서 자신의 위치가 어느 정도인지 알 수 있는 가장 확실한 방법이다. 자기 주변인들 사이에서의 위치 뿐만 아니라, 세계적인 선수들 사이에서의 위치 말이다. 토너먼트 대회를 준비할 때도 꾸준히 에버리지를 측정하라.

- 여러분은 수준급 선수들의 에버리지가 0.7~0.8 정도이며, 이들은 자신의 에버리지가 너무 낮다며 에버리지 측정을 기피하고 있다는 사실을 알고 있는가?

- 1960년대 미국 최상위권 선수들의 에버리지가 0.7~0.8 사이였다는 사실을 알고 있는가?

- 아직 국가 대표 선수가 에버리지 0.8을 넘기지 못하고 있는 나라도 많다는 사실을 알고 있는가?

- 브롬달, 산체스, 비탈리스 등 높은 에버리지를 자랑하는 세계 정상급 선수들은 7~8세 때부터 세계적인 당구 스승 휘하에서 당구를 배웠다는 사실을 알고 있는가?

- 이들과 비교하며 자신의 에버리지가 너무 낮다고 낙담하지 말라.

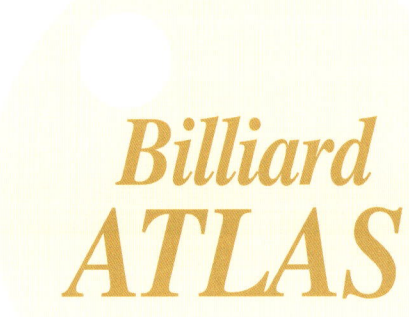

Billiard ATLAS Chapter 8

기타
Miscellany

이 장에서는 원쿠션 역회전 걸어치기 시스템에 대해 소개하고 있는데, 실전에서 사용한다면 상대방을 압도할 수 있을 것이다.
리차드 비탈리스, **버니 위센그라드**, 그리고 **캐로스 할론** 선수가 이 보석 같은 시스템을 전수해 주었다.
그 다음에는 포지션 플레이에 대한 논의를 싣고 있는데, 공을 어떻게 다뤄야 하는지에 대한 안목을 높일 수 있을 것이다.
당구 관련 장비들이나 큐, 당구대, 쿠션, 에버리지, 키스에 대한 자료 등 매우 흥미로운 지식들도 담고 있다.
또한 세계적 선수들이 샷할 때 얼마나 주의를 기울이는가에 대해서도 소개하고 있다.

- 원쿠션 역회전 걸어치기
- 원쿠션 역회전 걸어치기 시스템 2
- 위센그라드 선수의 한계각
- 포지션 플레이에 관하여
- 키스나기 쉬운 공
- 큐
- 마음의 속도를 늦추어라
- 벤즈케의 관점
- 원쿠션 역회전 걸어치기 시스템
- 할론 선수의 라인
- 비탈리스 선수의 더블쿠션
- 포지션 플레이는 누구나 할 수 있는가?
- 당구대 쿠션 교체
- 장비
- 여러 가지 풍문들

원쿠션 역회전 걸어치기
Reverse Backout

▶ 원쿠션 역회전 걸어치기 샷도 계산할 수 있다? 믿기 힘들겠지만 사실이다.

▶ 원쿠션 역회전 걸어치기는 수구가 적당한 위치에만 서 있으면 생각보다 수월하게 득점할 수 있다. 관련 시스템을 적용하면 어림짐작을 줄일 수 있고, 그 정확성에 깜짝 놀라게 될 것이다.

▶ 수구에 옆당점을 준 상태에서 부드럽게 쳐야 하며, 커브를 줄이기 위해 약간 상단을 주는 것도 괜찮다.

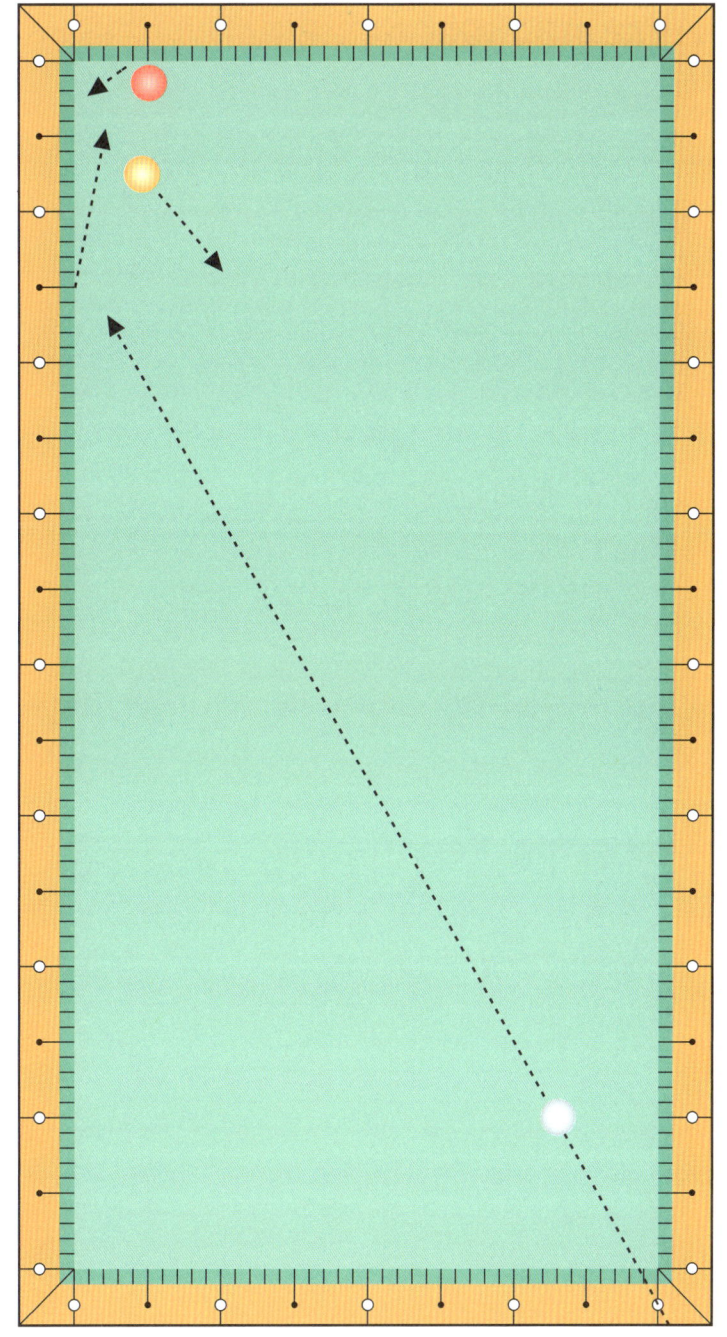

〈그림 274〉

원쿠션 역회전 걸어치기 시스템
Reverse Backout System

▶ 1적구가 O쿠션의 5지점에 위치할 때 P쿠션에서의 수구 수는 〈그림 275〉 와 같다.

▶ 코너에서의 수구 수(트랙A)는 5이고, 1쿠션 겨냥점(M쿠션)도 5가 된다.

▶ 수구가 코너에서 1포인트 떨어져 있다면(트랙B) 코너 수치 5에 2를 더해야 하고, M쿠션 겨냥점은 7이 된다.

▶ 수구가 더 왼쪽으로 움직였을 때도 같은 방법이 적용된다. 그림을 참조하라.

▶ 예 : 만일 수구가 트랙C 상에 위치할 경우 1쿠션 겨냥점은 5+2+5=12가 된다.

▶ 수구가 트랙F 상에 위치할 경우 1쿠션 겨냥점은 32(5+2+5+5+5+10)가 된다. 여러분은 이 시스템의 정확성에 반신반의하며 조정이 필요할 것이라고 생각할 텐데, 그럴 필요가 전혀 없다. 단지 수구의 커브에만 신경 써라.

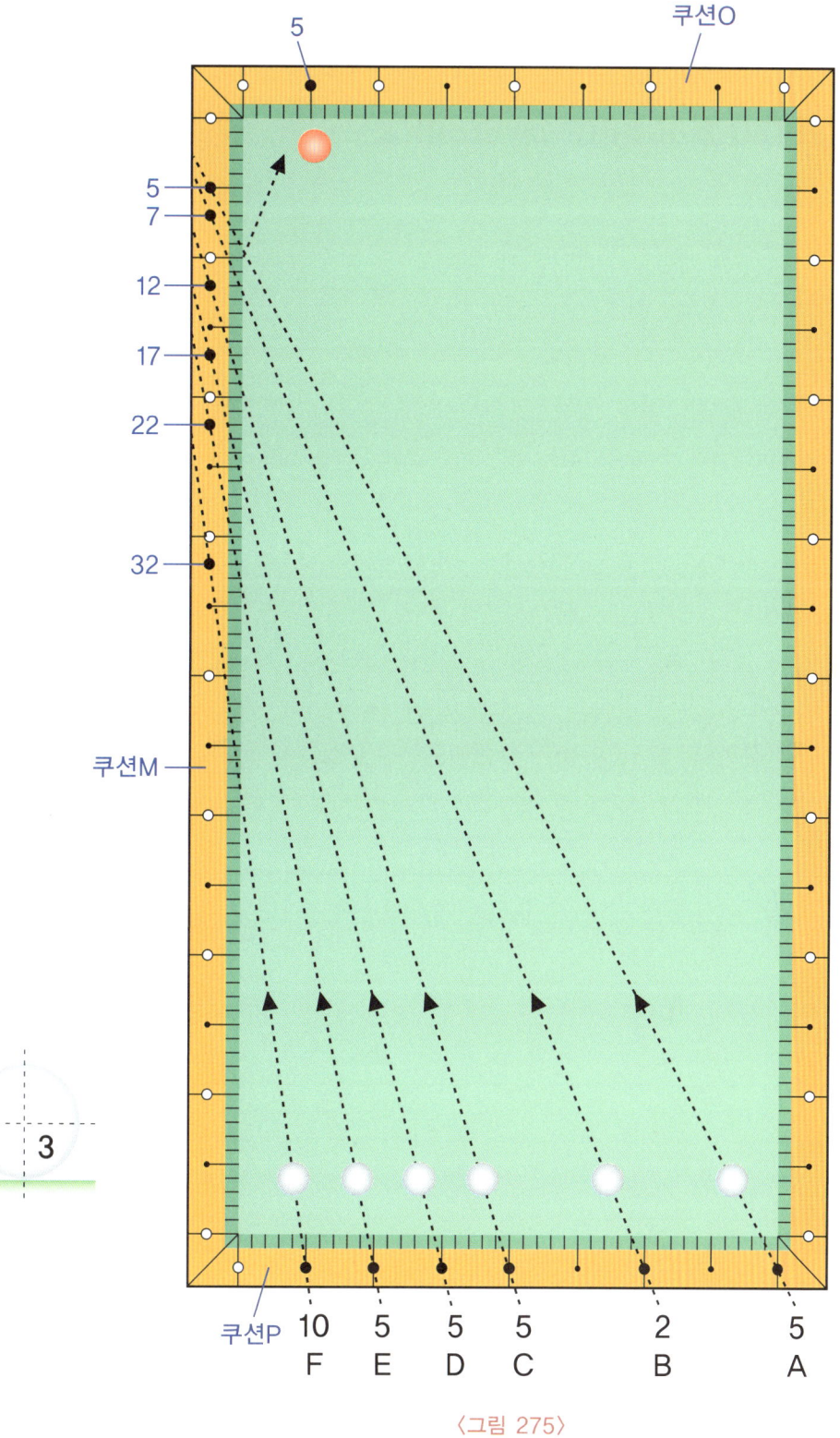

〈그림 275〉

원쿠션 역회전 걸어치기 시스템 2
Reverse Backout System 2

▶ 이제 1적구는 O쿠션 10지점에 위치해 있고, P쿠션에서의 수구 수도 바뀌었다(〈그림 276〉 참조).

▶ 고로 1쿠션 겨냥점을 찾는 데 사용되는 수도 자연스레 바뀌게 된다. 예를 들어 트랙 A에서 수구 수는 12이고 다른 선에서의 수구 수도 그림처럼 바뀌었다.
예) 수구가 D선 상에 위치할 경우 1쿠션 겨냥점은 12+6+7+7=32가 된다.

▶ 트랙E는 정말 믿기 힘들 것이다. 만일 정상급 선수에게 확인받고 싶다면, 공을 E에 맞춰 배열하고 그 선수에게 쳐 보라고 하라. 그 선수도 약간은 당황할 것이다. 하지만 누구나 한번쯤은 이 트랙을 사용해 재미를 볼 수 있을 것이다.

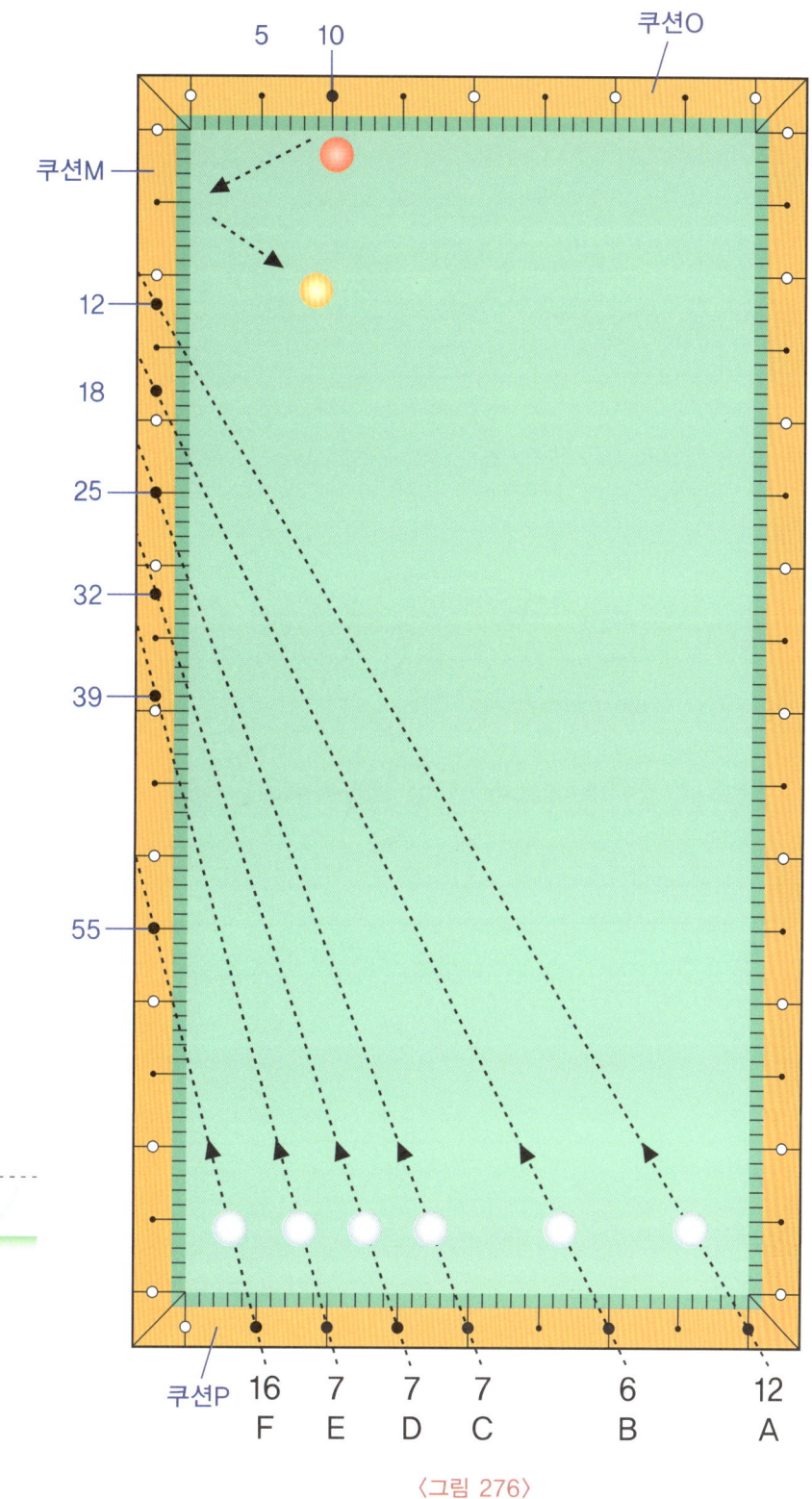

〈그림 276〉

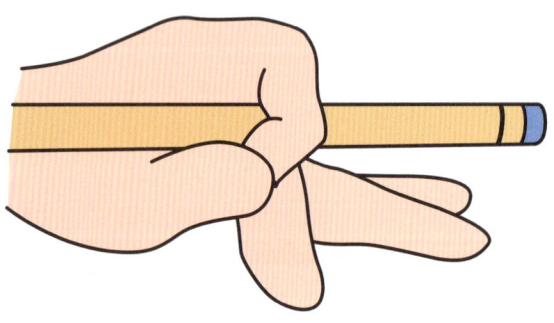

짧은 브리지

〈그림 277〉

할론 선수의 라인
Hallon's Line

▸ 정상급 선수들은 각자 색다른 방식으로 당구를 배웠기 때문에 플레이하는 방식도 서로 다른 것 같다. 빌 말로니 선수가 운영하는 코너 포켓 당구장에서 열린 토너먼트 대회 때 이를 전형적으로 보여주는 사건이 있었다. 당시 사용된 당구대는 최고급이었고 쿠션의 천도 새 것이었다.

▸ 캐로스 할론 선수는 라인이 안 보인다며 불평했다. 그게 무슨 말이냐고 묻자, 할론 선수는 수구와 1적구 사이가 멀리 떨어진 경우 샷할 때 자신은 수구에서 겨냥점으로 이어지는 라인을 하나 짚는다고 대답했다. 그리고 이 라인은 당구대 위의 쵸크 자국들로 인해 생긴 것이라고 한다.

▸ 그 후에 할론 선수는 라인상에서 한 점을 정하는데, 대략 수구에서 2~4포인트 떨어진 지점이라고 한다. 바로 이 지점이 겨냥점이 된다(겨냥점은 1적구가 아니다).

▸ 당구대의 천(라사)을 새로 갈아서 쵸크 자국이 보이지 않았기 때문에 그는 불평했던 것이다.

위셴그라드 선수의 한계각
Bernie's Whip Out

▶ **위셴그라드** 선수는 플러스 시스템에서 한계각을 얻기 위해 수구를 (코너에서) 심하게 비트는 테크닉을 고안했다. 그는 수구에 맥시멈 당점을 주고 빠른 스피드로 샷한다.

▶ 이 샷에서는 옆회전 당점을 적용하되 팔로-스루 스트로크 대신 손목의 스냅을 이용해 채찍질하듯 스트로크한다. 수구가 쿠션에 붙어 있을 경우엔 사용할 수 없는데, 상단 당점이 적용될 경우 수구가 늘어지기 때문이다.

▶ 여러분의 장비(당구대, 당구공, 쿠션의 상태 등)를 체크하여 0쿠션의 수가 알맞게 적용되는지 살펴보라. 그렇지 않다면 자신의 당구대에 맞춰 약간 조정하라.

▶ M쿠션에는 두 가지 숫자가 나열되어 있는데, 하나는 수구 수이고 다른 하나는 3쿠션 수이다. 수구 수에서 1쿠션 수를 뺀 값이 3쿠션 수가 된다.
  예) 오른쪽 그림에서 수구 수는 25, 1쿠션 수(겨냥점)는 0이다. 25-0=25 이므로 3쿠션 지점은 25가 된다.

▶ 수구가 3쿠션 지점을 향해 떨어지는 것이 아니라, 3쿠션 지점 앞(칼끝)에 떨어진다.
  예) 수구 수 30에서 1쿠션 지점 8을 겨냥하면, 30-8=22, 즉 3쿠션 지점은 22가 된다.

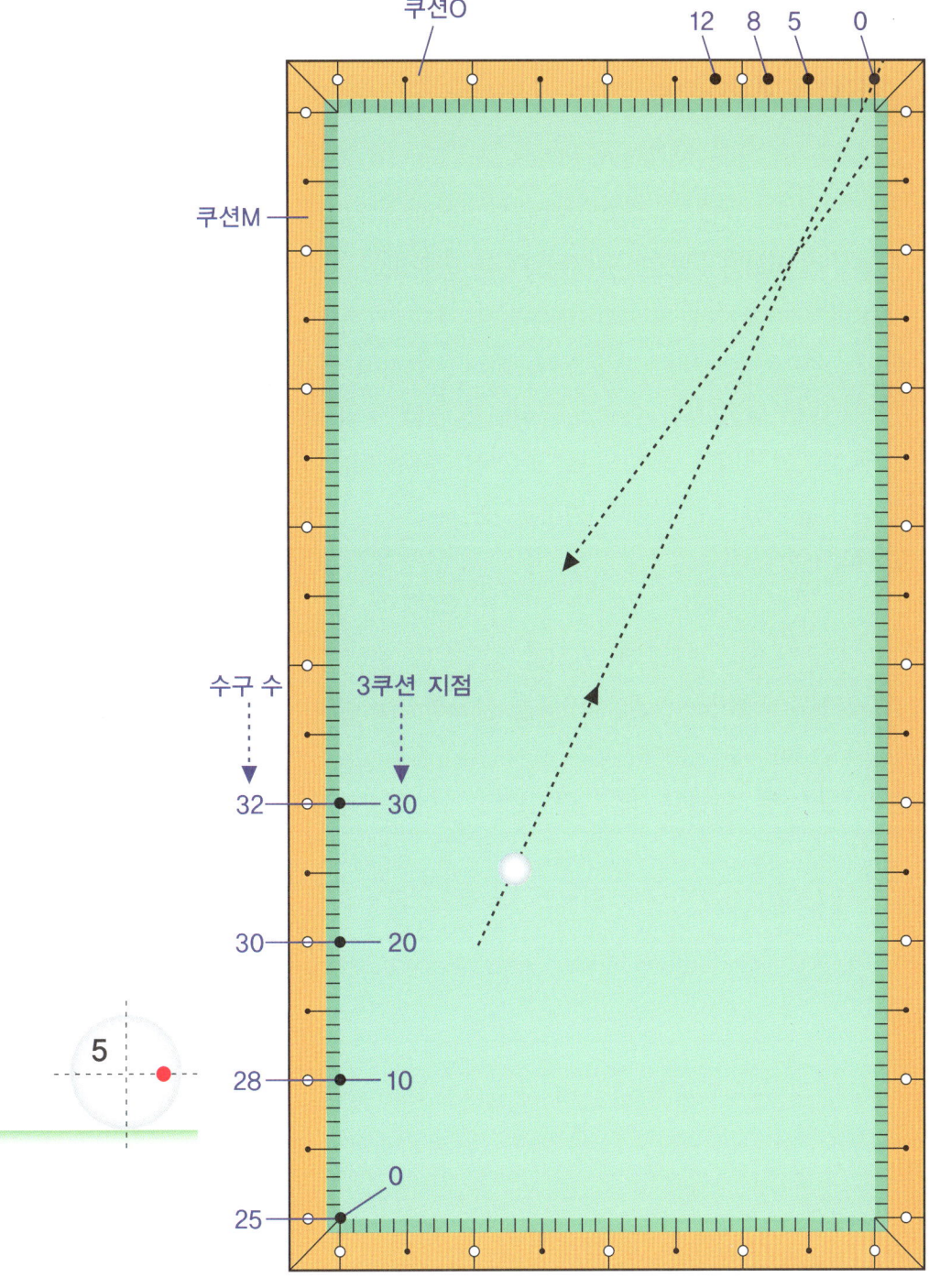

〈그림 278〉

비탈리스 선수의 더블쿠션
Richard's Across-The-Table

▶ **리차드 비탈리스** 선수는 그의 동영상 강의에서 더블쿠션 샷을 소개했다. 그 동영상을 필자가 가지고 있다는 건 큰 영광이다.

▶ **비탈리스** 선수는 수구가 〈그림 279〉에서 A위치에 있을 때 어떻게 샷해야 되는지에 대해 설명했다. 수구의 당점은 상단에 두되 약간의 옆당점을 적용해도 무방하고, 팔로-스루 스트로크로 끝까지 민다. 이때 손목은 사용하지 않고 하박(팔뚝)만으로 샷해야 한다. 그는 수구에 커브를 일으켜 각을 만들려고 한다.

▶ 하지만 수구가 B나 C지점에 위치할 경우에는 전혀 다른 테크닉이 적용된다. 『빌리어드 아틀라스 1권』 149쪽을 참고하길 바란다.

▶ 더블쿠션을 치는 방법은 매우 다양하다. 1권 7장에서는 **비탈리스** 선수와 **빌리 스미스(Billy Smith)** 선수의 테크닉을 소개하고 있고, 2권에서는 라이징 선 시스템, **고모리** 선수의 잽 스트로크, 3단 더블쿠션 등을 소개하고 있다.

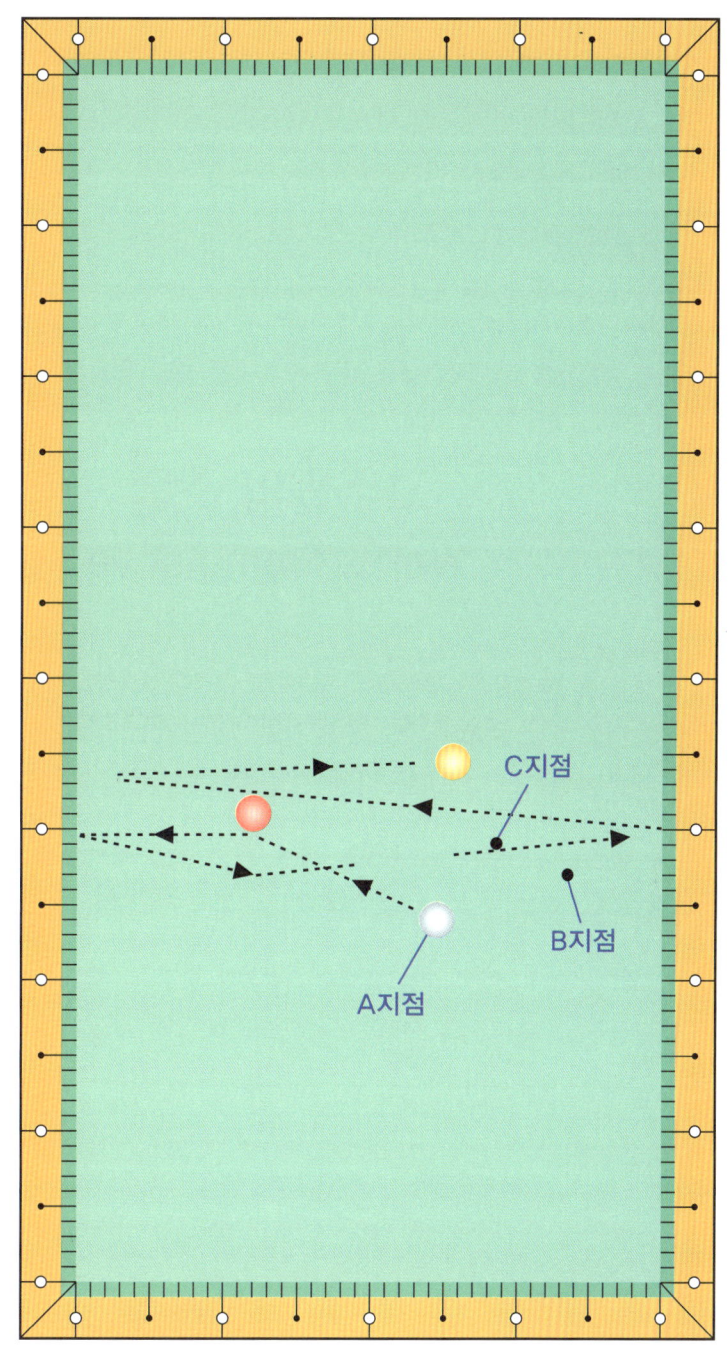

〈그림 279〉

고수들의 조언
Words From Above

더 훌륭한 선수가 되고 싶다면
포지션 플레이에 대한 연구가
반드시 선행되어야 한다.

– 익명의 스리쿠션 세계 챔피언 –

포지션 플레이에 관하여
A Letter On Position Play

▶ 필자는 이 편지글을 꼭 책에 담고자 하였으나, 저자가 익명을 요청한 관계로 글에 약간의 편집이 있었음을 알리는 바이다.

1992년 12월 28일

해리스씨에게

안녕하십니까?

몇 시간 전에 해리스씨와 길게 전화통화를 했었는데, 이렇게 다시 편지를 쓰게 되었습니다. 저는 에버리지가 0.7 미만인 선수들은 포지션 플레이를 고려하지 않아도 되며, 0.9를 넘기 전에는 포지션 플레이가 경기력 향상에 큰 도움이 되지 않는다고 말했습니다. 해리스씨께서 이런 저의 의견을 『빌리어드 아틀라스』에 담고 싶다고 하셨는데, 이 편지를 통해 몇 가지 사항을 덧붙이려고 합니다. 제가 피력한 의견은 저와 같은 타입의 선수들에겐 정확히 들어맞는 내용입니다. 즉, 저는 저와 비슷한 수준의 선수들에 비해 쉬운 공에서 약점을 보이곤 했습니다. 하지만 어떤 선수들은 에버리지가 0.8에 불과한데도 쉬운 공이 섰을 때는 거의 빠뜨리지 않고 예측한 진로대로 보내곤 합니다. 필자가 0.9에 도달해서야 가능했던 것을 그들은 일찍 터득한 것입니다. 이처럼 포지션 플레이를 통해 얻을 수 있는 효과는 선수 개인의 에버리지가 아니라, 쉬운 공을 실수 없이 꾸준히 득점할 수 있느냐에 달려 있습니다. 경기력이 향상될수록 포지션 플레이에 대한 이해가 더욱 중요해진다는 것을 저도 에버리지가 올라가면서 깨달을 수 있었습니다.

– 전 미국 스리쿠션 챔피언 –

테크닉
TECHNIQUE

원하는 목표를
달성하기 위한 방법

포지션 플레이는 누구나 할 수 있는가?
Position Anyone?

▶ 필자는 일반 당구 동호인들과 포지션 플레이에 관해 논하는 것은 미적분학을 이야기하는 것만큼 어리석은 짓이라고 확신한다. 즉 일반 동호인들은 단지 득점을 하거나 디펜스 플레이에만 신경쓸 뿐, '포지션 플레이'라는 모험을 하려 들지는 않는다. 충분히 그럴만한 능력이 있으면서도 말이다.

▶ 포지션 플레이를 시작할 수 있는 간단한 방법이 여기에 있다.

▶ 아주 쉬운 공이 섰을 때 포지션 플레이를 시도하라.

▶ 어떻게 샷하건 득점에는 성공할 것이므로 손해볼 것은 없다. 처음엔 적응하기 힘들겠지만, 아주 쉬운 공이 섰을 때 잠깐 먼저 포지션 플레이에 대해 생각해 보고 그 다음 다시 득점할 수 있는 방법을 생각하라. 이렇게 생각의 방식을 전환하면 여러분은 어마어마한 효과를 보게 될 것이다.

※ 어떤 특정한 포지션이 생각나지 않을 경우에는 일반적인 포지션으로 유도하라. 즉 세 공을 모두 당구대 중앙에 위치시키거나, 1적구를 코너나 장축 근처에 붙여 놓는 것이다.

키스나기 쉬운 공
A Near Kiss

▶ 누군가는 '키스 피하기'에 관한 책을 써야 한다. 전미 챔피언인 **알 길버트 (Al Gilbert)** 선수가 책을 쓴다고는 했었지만, 아직까지도 이 주제를 전문적으로 다룬 참고서는 존재하지 않는다.

▶ 오른쪽 그림에서는 키스나기 쉬운 공 두 가지를 소개하고 있다. 〈그림 280A〉와 같은 배열에서 타석에 임할 경우 일반적으로는 "1적구는 코너로 가겠지만, 내 공은 아니야"라고 생각할 것이다. 1적구는 코너로 향하고 수구는 그림의 진로를 따라가면…… 키스가 날 확률이 높다.

▶ 〈그림 280B〉와 같은 배열에서 타석에 임할 경우 일반적으로 "내 공은 코너로 가겠지만, 1적구는 아니야"라고 생각할 것이다. 수구가 코너를 돌아나오고 1적구는 그림과 같은 방향으로 진행하므로…… 키스가 날 확률이 높다.

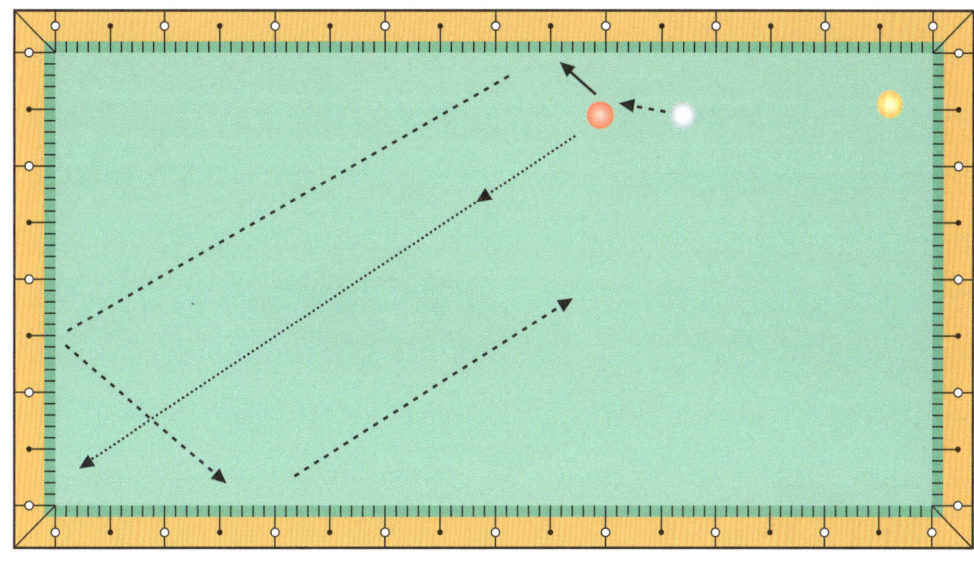

〈그림 280A〉

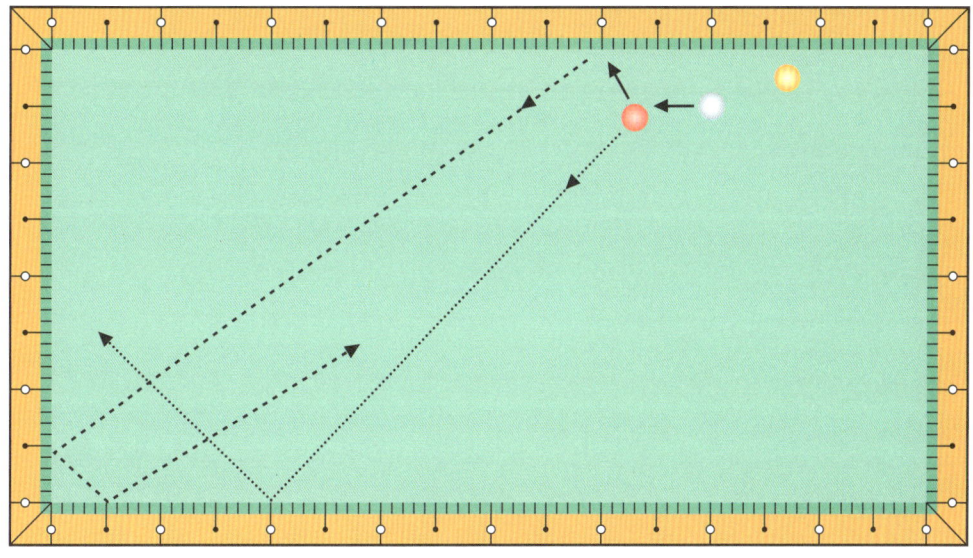

〈그림 280B〉

MISCELLANY 199

쿠션 위에서의 브리지

〈그림 281〉

당구대 쿠션 교체
Rehab Your Table

▶ 여러분의 오래된 당구대의 쿠션을 새로 교체한다면 조금 더 수준 높은 경기를 펼칠 수 있다. 쿠션을 처음 교체했을 때 발생했던 웃지 못할 사건들이 몇 가지 있지만 (몇 년 전의 일이다), 당구 지식이 발달된 현재는 충분히 해결할 수 있는 문제이다.

▶ 제리 카시(Jerry Karsh)는 '덴버 아틀라틱 클럽'의 당구대를 교체하면서 이런 조언을 해 주었다. 우선 우드 라이너(쿠션 바깥의 나무)와 쿠션을 슬레이트 위에 놓은 후 조립하라. 쿠션은 레일이 아니라 슬레이트에 따라 조립해야 한다.

▶ 댄 시걸(Dan Segal)은 당구대의 쿠션을 몇 번 교체한 후 그 과정을 글로 정리했다. 미국당구협회(USBA)에 문의하면 저렴한 가격에 구할 수 있을 것이다.

▶ 신형 유럽식 고무 쿠션의 가격은 대략 300$ 정도이다. 이후엔 추가적인 우드 라이너 비용에 따라 노동비가 결정된다.

▶ 포켓볼 당구대의 쿠션을 교체할 때는 몇 가지 절차가 추가된다.

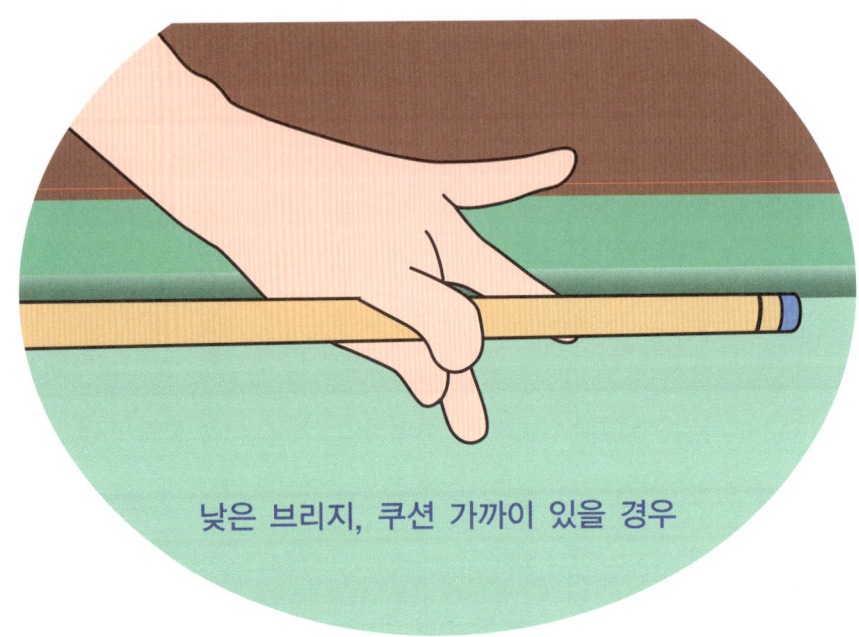

낮은 브리지, 쿠션 가까이 있을 경우

〈그림 282〉

큐
Cue

▶ 당구의 정확도를 높이기 위해서는 양질의 큐를 사용해야 하며, 포켓볼 큐를 스리쿠션에 사용해서는 안 된다. 정상급 선수들이 주로 사용하는 큐는 헴스테터(Helmstetter)나 스쿨러(Schuler) 제품으로, 전자는 금속 나사를, 후자는 나무 나사를 사용한다.

▶ 세계적인 선수들은 나무 나사를 선호하는 것 같다. 슈니(Shooni), 벵겔스(Bengels), 아민(Ameen) 선수나 필자는 디크만(Dieckman)제 큐를 사용하는데, 나무 나사에 큐의 균형도 적절하다. 필자는 다년간 헴스테터와 스쿨러 제품도 써 봤는데 품질이 매우 양호하다.

Dennis Dieckman	517-456-7703
Helmstetter	800-627-8888
Schuler	708-520-7797

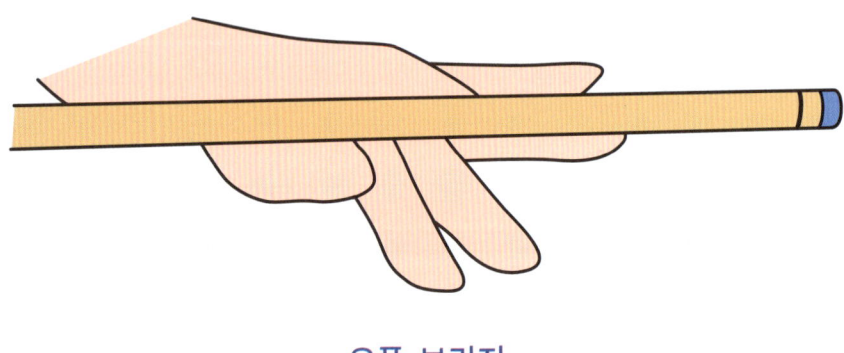

오픈 브리지

〈그림 283〉

장비
Equipment

▸ 1993년 4월 네덜란드 암스테르담에서 열린 그랜드 픽스 대회에서는 경기 개최 당일 오전에 쿠션의 천을 새로 교체했다. 아마 경기 시작 3시간쯤 전이었을 것이다. 선수들은 두 시간 정도 새 당구대(쿠션의 천은 Simonis 300제품 사용)에서 적응 훈련을 가졌고, 이상천 선수는 그제서야 "적응 끝났습니다!"라고 말했다.

▸ 필자는 당구대의 슬라이드가 궁금해서 잠시 동안 공을 굴려 보았다. 예상대로 새 쿠션에서 새 공을 굴리니 슬라이드가 굉장히 심했다.

▸ 세계적인 선수들은 이런 '대회용 당구대'에 익숙하지만, 일반 선수들은 미국의 경우를 보아도 (이상천 선수를 제외하곤) 이런 당구대에서 경기해 본 사람이 드물다. 그래서 세계적인 선수와의 시합에서 패할 가능성이 높으며, 정상적으로 자신의 페이스를 유지하는 데 많은 어려움을 겪곤 한다.

▸ 여러분은 '대회용 당구대'를 가상으로 얼마든지 만들어 볼 수 있다. 공을 실리콘으로 깨끗이 닦아 주고, 매 30점마다 다시 닦는다. 당구대의 천(라사)도 1~2주마다 얇게 실리콘으로 닦아 준다(스프레이로 뿌리지 않는다). 당구공은 실리콘의 영향을 받아 슬라이드를 유지할 것이다. 필자는 이 방법을 강하게 추천하는 바이며, 실제로 몇몇 당구장에서는 이처럼 깨끗하게 장비를 유지하고 있다.

마음의 속도를 늦추어라
Presto Change-o

▶ 오른쪽 표는 당구 선수들이 샷할 때 얼마나 주의를 기울이는가를 나타낸다.

▶ 세계적인 선수들과 여타 선수들의 차이를 살펴보라. 세계적인 선수들은 더 많은 지식을 갖고 있으므로 샷하기 전에 시간이 조금 더 오래 걸린다. 이들의 방식이 옳다는 것은 두말할 나위가 없으며, 일반 동호인들의 자세(조금 더 빨리, 빨리, 빨리 샷하려는 자세)는 매우 잘못된 것이다.

▶ 샷하기 전에 일정한 시간을 들여 주의를 기울인다면 마법과 같은 일이 발생할 것이다.

▶ 샷을 면밀히 살펴보고, 정확한 각을 측정하기 위해 당구대를 돌아보라.

▶ 10회 정도 예비 스트로크를 하는 습관을 길러라. 마음의 속도를 늦추면 경기가 달라지고, 스트로크가 달라지며, 실수는 줄어들 것이다. 얼마나 멋진 일인가!

Average Time With A Shot

	고모리, 야스퍼스, 클르망, 비탈리스, 브롬달, 이상천 선수 평균치	전미 챔피언들 평균치	미국 톱6 선수 평균치
쉬운 공을 계산할 때	20	19	15
어려운 공을 계산할 때	27	25	24
가장 오래 걸렸을 때	50	50	43
가장 적게 걸렸을 때	11	7	5
평균	24	23	20
쉬운 공의 예비 스트로크	8	8	4
어려운 공의 예비 스트로크	11	11	5
가장 오래 걸렸을 때	15	12	7
가장 적게 걸렸을 때	5	6	3
평균	9	9	5

여러 가지 풍문들
Rumors, Odds and Ends

▶ 미국에서 캐롬 당구를 즐기는 인구는 어림잡아 5,000~7,000명 정도이다.

▶ 멕시코는 1,000,000명, 터키는 500,000명, 그리스는 60,000명 정도로 추정된다.

▶ 이상천 선수가 말하길 한국에는 11,000,000명 정도가 캐롬을 즐기며, 스리쿠션을 치는 사람만 4,000,000명이라고 한다.

▶ 남미쪽은 캐롬 인구를 측정하기가 모호하지만, 콜롬비아나 아르헨티나 등지에서 상당수 인구가 즐기고 있다고 한다. 유럽과 일본은 과거 캐롬 당구의 메카였다.

▶ 일본에서는 챔피언이 일정 기간 동안 무료로 강습을 해야만 한다는 사실을 여러분은 혹시 알고 있는가? 또한 일본 제1의 국영 방송국이 당구를 스폰서한다는 사실도 알고 있는가?

▶ 비탈리스 선수와 고모리 선수가 대회를 준비하는 방식은 다음과 같다. 그들은 컨디션이 최고에 다다랐다는 느낌이 들 때까지 하루 몇 시간씩 연습을 한 후, 그 감각을 유지하기 위해 한 시간 정도 더 공을 굴린다. 이상천 선수는 워밍업을 위해 80점 제 경기를 한다고 한다.

▶ 당구에 관한 비기들은 손에 얻기가 쉽지 않으며, 필자는 아직도 인류에 전해지지 않은 다이아몬드 시스템이 몇 가지 존재한다고 확신한다.

- 밥 다니엘스(Bob Daniels) 선수의 아버지였던 시드 다니엘스(Sid Daniels) 선수는, 그만의 비법이었던 다이아몬드 시스템을 운명하기 직전에야 아들에게 알려 주었다. 시드 다니엘스 선수는 1940년대 시카고 스리쿠션 대회 우승자이다. 현재는 밥 다니엘스 선수도 기본 시스템을 정확히 습득하여 사용하고 있다.

- 조지 애스비(George Ashby) 선수는 다이아몬드 시스템을 조금 더 정교하게 가다듬었다. 그의 시스템은 호프(Hoppe) 선수의 시스템과 일본 선수들의 시스템을 조합한 것으로, 매우 정확했다. 애스비 선수와 직접 연락하여 강의를 듣는다면 결코 후회하지 않을 것이다.

- 왜 여러분은 단지 강의 몇 번 들었다고 거기서 멈춰버리는가? 강의를 20번 이상 듣는다면 그만큼 발전은 빨라질 것이다.

- 해리 심스(Harry Sims) 선수에게 10회 정도 강의를 들어보는 건 어떤가? 심스 선수는 즉각 여러분의 경기력을 더 높은 수준으로 끌어올려 줄 것이며, 이는 평생 동안 남을 것이다.

- 시카고의 짐 카트라잇(Jim Cartwright) 선수는 빈쿠션치기를 6회 연속 성공시킨 기록을 갖고 있다.

- 오스트리아 비엔나에 갈 일이 생기면 꼭 당구 박물관을 관람하라. 풍부한 볼거리를 제공한다.

- 미국의 경기 규정은 이해할 수 없다. 마치 인내력 테스트인 것 같다. 경기 시간도 너무 길고, 득점 수도 너무 많다. 왜 그런 것일까?

벤즈케의 관점
Venzke's Viewpoint

▶ 당구장이나 클럽, 술집 등 포켓볼 테이블이 있는 곳이라면 어디에서건 포켓볼 게임의 우월성에 관한 해묵은 논쟁을 접할 수 있다.

▶ 물론 사람들이 널리 즐겨하는 게임에는 모두 각각의 장점과 매력이 있다. 최고의 게임이란 존재하지 않으며, 사람들은 결국 각자의 취향에 따라 게임을 선택하게 된다. 하지만 앞의 논쟁에서도 드러났듯, 각각의 게임에 대한 정당한 평가를 내린 후에 선택하는 것이 현명할 것이다.

▶ 포켓볼 게임이라면 어느 종목이건 간에 독창적인 플레이, 경기 전략, 정신적 무장이 요구되며, 이는 경기를 하면서 습득할 수 있다. 여러분의 실력 향상에 많은 도움이 될 것이므로, 시간과 열정을 투자하는 데 주저하지 말라.

▶ 나아가 여러분은 가능하다면 포켓볼 이외의 종목에까지 도전해 보라. 여건이 허락한다면 스누커, 특히 캐롬 당구에 입문해 보라!

▶ 포켓 없는 당구대로의 값진 모험을 여러분은 결코 후회하지 않을 것이다.

▶ 일주일에 몇 시간만이라도 베테랑 선수(공을 잘 아는 선수)와 캐롬 당구를 친다면, 여러분은 포켓볼을 치면서는 전혀 상상할 수 없었던 다양한 개념을 습득하게 될 것이다. 그리고 이것은 여러분이 그동안 열정과 노력을 바쳐왔던 그 어떤 포켓볼 게임으로도 설명할 수 없다. 이렇게 쉽게 단정지을 수 있는 이유는, 대부분의 사람들이 포켓볼을 칠 때 일련의 구식 원칙-80%

이상의 샷을 노잉글리시로 해결하고, 항상 풀 팔로-스루 스트로크를 사용하며, 수구에 1팁 이상의 회전을 주지 말라-등을 따르기 때문이다. 이렇듯 포켓볼 선수들의 원칙은 1적구의 진로에만 초점이 맞춰 있을 뿐, 수구의 스트로크 등은 부차적인 것에 불과하다.

▶ 이와는 대조적으로 캐롬 당구에서는 수구가 1적구와 부딪히고 나서 어떻게 움직이는가에 초점을 맞추는데, 여러분이 지금까지 생각지도 못한 것들을 보고 배울 수 있다. 수구의 속도, 스트로크, 당점(맥심 포함), 큐가 끝까지 들어갔는가 아닌가 등에 따라 수구의 움직임은 천양지차로 변한다는 사실에 여러분은 깜짝 놀랄 것이다.

▶ 물론 캐롬 당구에서 습득한 샷을 포켓볼에 그대로 적용할 수는 없지만, 각기 다른 상황에서 선택할 수 있는 샷(과 그 효과)이 어마어마하다는 것을 깨닫게 될 것이다. 또한 캐롬 지식으로만 풀어낼 수 있는 샷도 자주 등장한다. 이 모든 것이 여러분의 강력한 무기가 될 것이다.

▶ PS : 여러분은 단지 스리쿠션의 매력에 푹 빠져버릴지도 모른다. 왜냐하면 스리쿠션은 가장 재미있는 게임이기 때문이다.

고수들의 조언
Words From Above

당구는 그 어느 스포츠보다도 많은
지식과 생각을 요구한다. 그리고
지식을 습득하여 정확히 적용하지 못한다면,
연습은 아무 의미가 없다.

– 수 김(Soo Kim) –

고수들의 조언
Words From Above

기량 향상을 원한다면
『빌리어드 아틀라스』를 참고하여
다른 선수들이 가진 기술을
습득하십시오!

저자 후기(Author's Page)

이 책 전반에 걸쳐 많은 관심을 가져 준 조 벤트렐리(Joe Ventrelli) 선수에게 깊은 감사의 말을 전합니다. 벤트렐리 선수와 저는 하나의 테크닉을 시험하기 위해 몇 시간씩 연구하곤 했습니다. 연구 결과 실용적이라고 판단되는 테크닉을 책에 수록하였고, 독자 여러분은 쉽게 터득할 수 있을 것입니다.

또한 방대한 자료를 수집하여 흔쾌히 전수해 준 댄 시걸(Dan Segal) 선수에게도 감사드립니다. 그의 보이지 않는 손길이 이 책 곳곳에 닿아 있습니다.

이 책은 초보자들이나 일반 동호인들을 위해 만들어졌으며, 프로 선수들도 이 책에서 배울 점이 있을 것이라고 저는 확신합니다.

새로운 당구 정보에 대한 저의 연구는 계속될 것이며, 혹시 도움 주실 분이 있다면 진심으로 환영입니다. 제 목표는 당구 전반적인 기술을 향상시키는 것입니다.

필자의 주소는 The Billiard Atlas, P.O. Box 321426, Cocoa Beach, Florida, 32932-1426입니다.

PS : 컴퓨터로 레이아웃하는 작업은 끝이 없어 보였지만, 76세의 클라우드 레슬리(Claude Leslie)씨가 몇 번이나 도움을 주었습니다. 정말 감사드립니다.

요하나 모레티(Johanna Morretti)가 1994년 판을 편집해 주었습니다.

팜(Pam)도 2000년 최종판 편집에 많은 도움을 주었습니다.

찾아보기(인물)

노부아키 고바야시 20~25

대럴 마티노 148~151
댄 산체스 179
댄 시걸 100, 105, 112, 201, 213
데니스 디크만 128, 156
돈 피니 113
딕 야스퍼스 207

레이몽드 클르망 44, 53, 120, 207
리차드 비탈리스 68, 100, 179, 181, 192, 207, 208

마진 슈니 203

밥 다니엘스 209
밥 아민 128
바비 파비아 28
빌 말로니 49, 189
빌리 스미스 192

수 김 105, 112, 214

알 길버트 198
앤디 노바디 128
윌리 호프 105, 209
이상천 55, 68, 85, 205, 208

제리 카시 201
조 벤트렐리 100, 166, 213
조지 애스비 37, 39, 51, 83, 85, 111, 209
조지 펠스 53
주니치 고모리 83, 85, 96, 128, 161, 208
짐 카트라이트 209

칼 콘론 128
캐로스 할론 181, 189
클라우드 레슬리 213

토브욘 브롬달 35, 85, 179
프랭크 토레스 70, 83, 90

해리 심스 53, 81, 159, 209

찾아보기(용어)

$32.00 시스템 32
1적구 수 136
3쿠션 수 132

걸음 109
고수들의 조언 35, 55, 81, 159, 194, 214, 215
그립 49, 106
꺾임 113
끊어치기 88~99

다운 스트로크 44
단축 원쿠션 걸어치기 66
당점 107
당점 수 136
더블쿠션 20, 100
데드볼 26, 161~179
뒷발 48
디펜스 108

라이징 선 시스템 20~25
럭키 세븐 166~177
리듬 53, 107

미끄러짐(Skid) 116

볼 시스템 128, 138
브리지 38, 106, 144, 188, 200, 202, 212

숨막힘 51
소가드 132
속도 109
쇼트 앵글 46
시선 108
스트로크 37~53, 106, 140
시스템 110, 128

얇게 치기 109
엄브렐라 샷 164
업 스트로크 42
에버리지 179
원쿠션 역회전 걸어치기 181~187

자세 107
장비 205
집중력 110

초이스 108

쿠션 교체 201
큐 108, 203
키스 92, 198

팔로-스루 40
포지션 109, 197

용어 정리

Average(에버리지)
선수의 1이닝 평균 득점

Cousion(쿠션)
당구대의 가장자리를 둘러싸고 있는 경계. 공이 튕겨져 나오는 부분. 레일(Rail)이라고도 부른다.

English(잉글리시/당점)
공을 스트로크할 때 수구에 주는 회전

Follow(팔로)
수구가 목적구를 맞고 나서 계속 앞으로 구르는 회전

Kiss(키스)
득점 실패의 원인이 되는 두 공의 우발적 부딪힘

Masse(마세)
큐의 뒷부분을 위로 들어 수구를 내리 찍는 샷

Miss(미스)
득점에 실패한 경우

Position(포지션)
다음 샷을 쉽게 풀어낼 수 있도록 수구와 목적구를 배치하는 것

Reverse-English(리버스-잉글리시/역회전)
수구가 쿠션을 맞고 진행하는 방향과 반대 방향의 회전

Reverse-the-rail(더블레일)
수구가 첫 번째 쿠션 – 두 번째 쿠션 – 다시 첫 번째 쿠션을 맞고 3쿠션 득점에 성공하는 샷

Running English(러닝 잉글리쉬)
수구가 쿠션에 맞은 후 회전력이 살아나가는 것

Saftey(디펜스)
득점엔 실패하더라도 상대방에게 어려운 뒷공을 주는 것

Short rail(단축)
쿠션의 짧은 축. 길이는 장축의 1/2이다.

Shot(샷)
득점하려는 시도

Skid(스키드)
당점을 아래 주었을 때 일정한 거리만큼 회전을 멈추는 경우

Slide(슬라이드/미끌림)
쿠션이나 공이 새것일 경우 공이 보다 넓은 각으로 반사되는 것

Ticky(구멍치기/쿠션 안으로 걸어치기)
수구가 같은 쿠션을 2번 맞고 3쿠션 이상을 성공시켜 득점하는 경우

Track(선)
예상 가능한 수구의 진로

Umbrella(엄브렐라)
수구가 1적구에 맞기 전에 2쿠션 이상 먼저 맞추는 샷

– 위의 내용 중 대부분은 『당구 용어 사전(Illustrated Encyclopedia of Billiards)』에서 발췌한 것입니다. 이 책의 저자는 마이크 샤모스입니다(Mike Shamos). 반드시 암기하기 바랍니다. –

번역 용어

Adjustment 조정
Alignment 교정 / 교정선
Allowance 오차 조정 / 조정값
Basic Track 기준 트랙
Cue Ball Movement / Behavior 수구의 움직임
Cue Ball Spin 수구의 회전
Cue Ball Origin / Cue Ball Number 수구의 시발점 / 수구 수
English 당점 / 회전
Manipulate 조절
Natural angle 자연각
Path (수구의) 진로 / 진행 방향
Rail Speed 수구의 속도
Safety 디펜스
Shot Selection 초이스
Shift 전환
Skid 미끄러짐
Slide 미끌림
Spread 변화폭
Tickie 구멍치기 / 안으로 걸어치기
Track 트랙 cf) Line : 라인 / 선
Value 수치 cf) Number : 수(數) / 숫자

스트로크의 4종류

Follow-through stroke 팔로-스루 스트로크 / 밀어치기
Jab stroke 잽 스트로크 / 끊어치기
Stop stroke 스톱 스트로크 / 멈춰치기
Forward-reverse stroke 포워드-리버스 스트로크 / 잡아치기(큐를 전진시켰다 뒤로 뺌)

추천의 글

"『빌리어드 아틀라스』는 저의 스리쿠션 경기력 향상에 큰 도움이 되었습니다. 몇 가지 스리쿠션 테크닉을 포켓볼에도 접목시켜 보았는데, 제가 다니는 당구장에서 큰 반향을 일으켰습니다."

— 마이클 이암 샤모스, 박사, 빌리어드 기록 보관소 소장.

"『빌리어드 아틀라스』에 소개된 수준 높은 정보에 관한 호평이 쏟아지고 있습니다. 다시 한 번 노고에 진심으로 감사드립니다."

— 이나 바스킨, 빌리어드 도서관

"매우 흥미로운 책입니다."

— 리차드 비탈리스, 프랑스 스리쿠션 챔피언

"미국에서 스리쿠션 게임이 끝까지 살아 남는다면, 가장 큰 공은 당신입니다. 경기력 향상을 원하는 모든 선수들이 당신에게 감사해 하고 있습니다. 건승하십시오!"

— 조 다이밋... 글렌 엘린, 일리노이 주

"스리쿠션에 대해 배우고 싶다면, 『빌리어드 아틀라스』를 공부하십시오."

— 조지 애스비, 전미 스리쿠션 챔피언(8회)

"USBA 토너먼트 중 『빌리어드 아틀라스 2권』에 소개된 내용 두 가지를 적용해 보았고, 북부 캘리포니아와 태평양 북서부 쪽 정상급 선수들이 참가한 16강 경기에서 1위를 차지할 수 있었습니다."

— 대럴 스터스만... 타코마, 워싱턴 주

"당신의 책은 당구에 관한 가장 큰 즐거움을 제게 선사해 주었습니다. 경기에서 승리하는 것도 기쁘지만, 당구의 원리를 하나씩 배워나갈 때 저는 가장 즐겁습니다. 바로 이런 점에서 당신의 책이 큰 도움이 되었습니다. 잠시 제 자랑을 좀 하자면…『빌리어드 아틀라스』를 읽고 나서 제 하이런 기록이 8에서 12로 상승했습니다. 물론 모든 게 당신 덕분은 아니겠지만, 도움이 된 건 확실합니다."

- 론 세이츠… 웨스트 포인트, 콘월, 뉴욕 주

"『빌리어드 아틀라스』는 매우 귀중한 정보를 담고 있습니다. 저는 책에서 배운 내용을 스리쿠션보다 포켓볼에 더 많이 적용해 보았습니다"

- 존 G 빌스 주니어…. 샌디에고, 캘리포니아 주

"당구계에 남긴 당신의 업적에 경의를 표합니다."

- 대럴 마티노… 엘크 그루브, 캘리포니아 주

"『빌리어드 아틀라스』는 훌륭한 책입니다."

- 캐로스 할론, 전미 스리쿠션 챔피언(3회)

"제가 30여 년 동안 스리쿠션과 포켓볼을 치면서 고전이라 불리는 모든 책들을 읽어 보았지만, 『빌리어드 아틀라스』만큼 재밌는 책을 보지 못했습니다. 10권까지 출판되었으면 좋겠습니다."

- 레시안 프린스…. 세리단, 오레곤 주

"『빌리어드 아틀라스』엔 수만 가지의 비기가 숨어 있습니다. 빨리 3권이 출판되었으면 좋겠습니다."

- 프랭크 리프니스키… DDS, 필라델피아, 펜실베니아 주

시스템과 테크닉에 관한 연구
BILLIARD ATLAS
빌리어드 아틀라스
❷

- **저 자** 월트 해리스
- **역 자** 민 창 욱
- **발행자** 남   용
- **발행소** 일신서적출판사

주 소 : 121-855 서울시 마포구 신수동 177-3
등 록 : 1969. 9. 12.(No. 10-70)
전 화 : 영업부 (02)703-3001~5
FAX : 영업부 (02)703-3009

ⓒ 월트 해리스
ISBN 978-89-366-0968-8   16-1

※ 이 책의 한국어판 저작권은 저자와의 독점계약에 의하여 본사에 있습니다. 한국 내에서 보호를 받는 저작물이므로 무단 전재와 무단 복제는 법적 처벌의 대상이 됩니다.